Improving your soul will make your wishes come true like a magic.

魂磨きで魔法のように願いを叶える♡

水紀 華
Hana Mizuki

あさ出版

「運命の人に出会いたい」
「今の彼にもっと愛されたい」
「キラキラと輝く女性になりたい」
「もっとお金持ちになりたい」
「自分の力を活かせる、やりがいのある仕事がしたい」

みなさんにも、叶えたい願いがあると思います。

もし、

「そのあなたの願い、すべて叶いますよ！」

と言われたら、あなたは何を叶えたいですか？

プロローグ

あなたの願いをできるだけ、はやく現実化する方法があります。
「その方法」を実践すると、現実がどんどん変わっていきます。

*理想どおりの人と出会えた
*付き合って3カ月でプロポーズされた
*好きなことを仕事にできた
*ストレスなくダイエットに成功できた
*顔つきが変わったと褒《ほ》められた
*お金に困らない生活になった
*300万円の臨時収入があった

etc.

これまで多くの方が、「その方法」を実践し、大きなことから小さなことまで、たくさんのミラクルを引き寄せてきました。

これらの願いを叶えたみなさんが取り組んだ「その方法」……、それは、**「魂磨き」**です。


私も、魂磨きに取り組んでから、人生が変わりました。

仕事が軌道に乗り、**大学生でありながら会社を設立。**

事業は順風満帆、会社を設立してからわずか3カ月後にはあの『日本経済新聞』に取材されました。

月商はなんと40倍に！

さらに、理想どおりの運命の人と出会い、王子様のような彼から誕生日にサプライズプロポーズをされ、**21歳で婚約。**

それだけではありません。

魂磨きのおかげで、**チャネリングもできるようになりました。**

（チャネリングとは、目に見えない高次元の存在とつながり、メッセージを受け取ることです。現在、私は受け取ったメッセージをみなさんにお伝えして、一人でも多くの方が願いを叶えられるよう、お手伝いをしています）

そんな私ですが、昔は「いいことなんて何もない」「はやく人生終わらないかな……」が口グセでした。

可愛い子に嫉妬して落ち込んだり、人間関係でつまづいて悩んだり、また、恋愛がうまくいかず泣いてばかりいたりと、散々でした。

毎日がイヤで仕方がなく、人生に絶望しながらも、心のどこかで「私も幸せになりたい……」、ずっとそう思っていました。

どうにか現実を変えたくて、藁《わら》にもすがる思いで「引き寄せの法則」を実践。

新月にお願いごとをして、感謝する気持ちを大切にして、毎日ワクワクした気持ちで過ごして……。

しかし、引き寄せの法則どおりにしているのに、小さなことは叶うものの理想どおりの現実を引き寄せることはできませんでした。

「どうして引き寄せられないんだろう……」

引き寄せの法則なんてやっぱり嘘？

でも、実際に引き寄せている人はいるし……。

私が引き寄せられない理由は何だろう？

疑問に思った私は、この世の仕組みについて徹底的に学びました。

引き寄せの法則で願いが叶うとされている理由、さまざまなスピリチュアルに関する法則の仕組み、物理学、科学、心理学……。

学ぶ中で私は、大事なことを見落としてしまっていたことに気づいたのです！

（詳しくは、本文でお話ししますね）。

そして、理想を現実にするために最も効率的なのは、魂を磨くことだと確信、それからは魂磨きに励みました（チャネリング能力は、その過程で開花しました）。

魂磨きに取り組んでからは、人生が一転！

先程お話ししたとおり、今では仕事で成功して、お金にも困らず、彼からも溺愛される、夢見ていた理想どおりの現実を手に入れることができました。

今、この本を手にしてくださっているみなさんの中にも、引き寄せの法則にチャレンジしたけれど、引き寄せられなかった、という方がいらっしゃるのではないでしょうか。

引き寄せの法則を使えば、素敵な恋人だって、やりがいのある仕事だって、お金に困らない生活だって、幸せを感じられる毎日だって手に入るはずですよね。

でも、その願いを叶えられずにいる方がたくさんいらっしゃいます。

願いが叶わない理由は、多くの方が私と同じように、大事なことを見落としてしまっているからです。

大丈夫です、ご安心ください。

この本を読めば、あなたが思い描いている理想は、きっと現実になります。

なぜなら、**魂磨きは誰もができる最強の引き寄せ**だからです。

魂磨きに取り組めば、魔法のように願いがどんどん叶いますよ♡

この本は、引き寄せの法則によくある「ワクワクしましょう！」「自分を愛しましょう♡」という内容ではありません。

「すべての願いを本当に叶える」ための、現実的な引き寄せの本です。
さっそくあなたも今日から魂を磨き、心に秘めた望みを叶えて、人生を思いどおりにしていきましょう！
この本を手にしてくださったご縁のあるすべての人が、宝石のようにキラキラと輝き、愛にあふれた幸せでいっぱいの毎日を過ごせますように……。

願いを込めて。

水紀華

魂磨きの体験エピソード①

親や友人との関係はいい方向に変化、やせて顔つきも変わって毎日ハッピーです！（20代・塾講師）

私は、ずっと自分に自信がありませんでした。親とは毎日ケンカするほど関係が悪く、職場や友人の中でも孤立、恋愛もうまくいかない……。

「人生ずっとこのままはイヤだ！　目の前の現実を変えたい！」

そう思っていたとき、華さんに出会い、半信半疑で魂磨きに取り組みました。

魂磨きは自分の短所とも向き合わないといけないので最初はすごくつらかったです。けど、続けていくと、本当に人生が変わっていったんです！　ビックリしました。

私の場合、1週間ちょっとで思い描いていた理想が自然と叶っていきました。ケンカばかりしていた親とは仲がよくなり、塾の生徒からも慕われるように。友人や同僚に食事に誘われる回数も増えて、今は休みの日が忙しいくらい（笑）。華さんが魂磨きをすると内側からの輝きが出てきて、他の魂を魅了すると言っていたのを思い出しました。

それに、自然と10kgもやせました！　やせたおかげか、一重まぶたが二重まぶたに変わったんです。

今では魂磨きがすごく楽しいです！　悩んでばかりいた過去の自分に、すぐに魂磨きを教えてあげたい（笑）。

魂磨きを始めて1年。これからも魂磨きを続けていきます！

魂磨きの体験エピソード②

魂磨きを始めて2カ月でプロポーズされました！
夢だった幸せな結婚生活を送っています♡（30代・主婦）

彼とは6年前に出会って付き合い始めたんですが、ずっと私が一方的に彼に尽くす感じでした。結婚したいと思っていましたが、結婚の話はなかなか出ず……。そんな彼との関係を変えたくて、魂磨きに取り組むことにしたんです。

魂磨きで大切なことを紙に書いたり、声に出して読んだりしながら、常に魂を磨くことを忘れないようにしました。そして、潜在意識を変えるために、繰り返し自分と向き合い、思考を掘り下げることを続けました。

そのうち、自然と自分の思考や言動が変わっていっているのを感じるようになると、同じように、彼もどんどん変化していったんです。恥ずかしがり屋の彼が、急に私の頭をなでたり、愛情表現をしてくれたり、言動が優しくなったりと、「どうしたの!?」って思うくらい変わりました！

魂磨きって、本当に魔法のようです！

そして魂磨きを始めて2カ月が経ったころ、ついに彼からプロポーズされました！　今では私の自慢の旦那さんです♡

たった2カ月でこんなにも現実が変わるなんて、今でも驚いています。

魂磨きは、思い描いた理想を現実化してくれる、最強の引き寄せです！

魂磨きの体験エピソード③

人からもお金からも愛されるように！
“叶わない”ことがないからすごい♪（20代・学生）

魂磨きを始めてから、周りが丁寧に接してくれるようになりました。

それまで男性に女性扱いなんてされたことがなかったのに、荷物をもってくれるなど、周りの男性が急に優しくなり、女性として扱ってくれるようになりました。

そしてなんと、告白までされるようになりました！

また、何もしていないのに周りの人がいろいろとプレゼントしてくれたり、予想外な形で臨時収入があったりと、お金のめぐりもよくなりました。お金を使っても、なぜか減らないという不思議なことが起こっています（笑）。

魂磨きは、自分の意識を変えることで引き寄せる現実を確実に変えていきます。最初は自分と向き合うのが少し大変ですが、そこを乗り越えたら、すごく楽しいです！　今では、願ったことが“叶わない”なんてことがないくらいです。

つらいことがあっても、「また魂を磨いて願いを叶えられる！」と思ったら、それを楽しみに頑張れます！

本当に魂磨きってすごいです♪

“人生そのものが楽しくなる”のが、魂磨きのいちばんの魅力だと思います！

魂磨きの体験エピソード④

**願いが叶うのが当たり前になりました！
心から幸せだと感じられる毎日を過ごしています♡（20代・学生）**

魂磨きを始めて８カ月で、すでにこんなにも現実が変化しました！

＊希望していた大学に入れた。
＊仕事の話をもらえるようになった。
＊ご馳走してもらえる機会が増えた。
＊欲しいと思ったものは手に入るようになった。
＊大げんかしていた母親との関係が良好になった。
＊アトピーがよくなった。
＊可愛くないと言われていたのに、今では「可愛い、付き合いたい」と言われるようになった。
＊ありのままでも好かれる。　　etc.

今では願いが叶うのが当たり前になっていて、「○○したい！」「○○が欲しい！」などをあまり思わなくなったくらいです。

もともと、いつも他人の評価ばかり気にしていて、「他の誰かになって幸せになりたい」と思っていた私ですが、今は、心から幸せだと感じられる毎日を過ごしています。魂磨きを通して、自分の潜在意識を変えることの大切さを、身をもって実感しました。

魂磨きは、続ければ間違いなく理想どおりの現実を引き寄せることができます。本当に魂磨きに取り組んでよかったです！

part 1

魂磨きは最強の引き寄せ

part 2

願いを叶えるスピードを速める方法

part 3

お金を引き寄せる魂磨き

part 4

幸せな恋愛を引き寄せる魂磨き

本文デザイン／北路社
梅里珠美

part 1

魂磨きは
最強の引き寄せ

魂磨きとは何か

「仕事で上司に怒られた……」

「大好きだった彼に振られた……」

「幸せそうな友人に嫉妬してしまう……」

「いつもお金がない……」


人生には悩みがつきものですよね。

つらいことやイヤなことは、なぜ起こるのでしょうか。

実は、あなたが今経験しているそのつらいこと、イヤなことには、あなたの魂が深く関わっています。

というのも、私たちがこの世に生まれてきたのは魂を磨くためであり、すべての出来事はそのために起きているからです。

少し掘り下げていきましょう。

私たちの魂はみな、それぞれ今世で果たしたい〝目的〟をもっています。

魂の目的は人によってさまざまで、魂を磨き、レベルアップさせると果たせるようになります。

アクションゲームでは、敵を倒すと次のステージに進めますよね。

敵を倒すにはレベルアップしなくてはならず、そのためには日々さまざまな努力が必要です。

同じように、私たちも魂の目的を果たす（＝敵を倒す）ために、魂を磨く（＝レベルアップさせる）必要があるのです。

そのため、私たちの日常は、魂磨きができるように魂一つひとつに合わせてプログラムされています。

つまり、今、あなたが経験している現実は、魂を磨く（＝レベルアップさせる）ために訪れているのです。

出会う人、起こりうる出来事はすべて、魂磨きができるように用意されたもの、ということです。

つらいこともイヤなことも、すべて魂を磨くためのチャンスだということを覚えておきましょう。

魂磨きをしてレベルアップすると、魂の目的を果たせるので、もう魂を磨くための試練や困難なこと（＝つらいことやイヤなこと）は起こらなくなり、あなたが願う理想どおりの現実を引き寄せられるようになります。

これが、魂磨きで願いが叶う仕組みです。

では、どうしたら魂磨きができるのでしょうか。

魂は、①目の前の現実から学びを得て、②意識を変え、③行動を変えることで磨くことができます。

具体的な方法については、このあと、お話ししていきますね。

なぜ魂なのか

人に年齢があるように、魂にも年齢があります。

人は誕生日を迎えるごとに歳を重ねていきますが、魂は魂が成長するごとに歳を重ねていきます。

魂にも、人と同じように「乳児期→幼児期→児童期→青年期→成人期→老年期」というような成長段階があるのです。

私たちが、乳児期でできないことも成人期ではできるように、魂も成長するにつれて、できることが増えていきます。

人は、魂が成長するほど人生をスムーズに生きることができるようになります。

実は私たちは、無意識のうちに魂が成長するための行動をしています。

しかし、無意識の領域のため、実感するのが難しく、魂が成長する過程は戸惑いや葛藤が生まれやすくなります。

たとえば、

①幸せな結婚がしたいと思っているのに、なぜか浮気ばかりされる

②なぜかいつもお金に困る出来事が訪れる

③家族関係や友人関係など、なぜかいつも人間関係がうまくいかない

など、同じことが繰り返し起きるとき。

こんなときは、魂が関係している可能性が大きいです。

①の場合は、魂が依存的な恋愛ではなく自分を大切にすることを学ぶために

②の場合は、魂がお金の使い方やお金を通して人々の愛を学ぶために

③の場合は、魂が人間関係を通して自分の魂を成長させるために

そのような出来事を選択している場合があります。

魂が、魂を成長させるためにそれを望み、引き寄せているのです。

魂が成長したとき、その現実は変わっていきます。

実例を1つ、紹介しましょう。

人間関係に関するお悩みを抱えていた方がいました。何をしても親から毎日のように怒られ、友達もおらず、自分が悪いんだとずっと自分を責めていたそうです。

しかし、この現実は彼女の魂が、魂の成長のために引き寄せているものでした。

目の前の現実は魂を成長させるために起きているということを知った彼女は、魂を成長させるために、さっそく魂磨きに取り組みました。

すると、しばらくして、次のような報告をしてくださいました。

「最近は親が怒らなくなり、私がどんな選択をしても応援してくれるようになりました。しかも、何もない日にプレゼントまでくれました！　こんなこと、今まででだったら考えられません！　友人との関係も驚くほどよくなりました！」

このように、無意識の領域である魂が選択していることに着目し、魂を磨くことで、人生は驚くほどに変化していきます。

魂については、学校では教えてくれないので何も知らない人がほとんどでしょう。

魂について知り、成長させることができれば、

＊自分の直感が当たる
＊人生がいい方向にしか進まなくなる
＊願いが叶うのは当たり前
＊負の感情に支配されない
＊生きること自体が楽しくなる

というように、人生がとても生きやすくなります。

現に、多くの方が「魂磨きのおかげで生きているだけで楽しくなりました♪」と効果を実証してくださっています。

魂に着目して生きると、人生は驚くほど変わり、生きているだけで幸せを感じられるようになります。

魂に着目することは、理想どおりの現実を引き寄せる上でとても重要なのです。

潜在意識を変えるには魂磨きが効果的

私が「引き寄せの法則」を実践する中で見落としていたこと。その1つが、「潜在意識」に関する認識です。

潜在意識とは、自覚できない意識のことで、引き寄せの法則は、潜在意識を変えることで願いを引き寄せるメソッドです。

知らない方のために、少し詳しくお話ししますね。

この世に存在するすべてのものには波動があります（人間、動物、お金、モノ、感情、思考、意識などすべてです）。

波動は、似た波動同士で引き寄せ合います。

そのため、意識を変えれば、その意識と同じ波動のもの（願い）を引き寄せられるというのが、引き寄せの法則の仕組みです。

引き寄せの法則で「感謝する心が大切」「ワクワクしましょう」とよく言われるのは、感謝したりワクワクしたりすれば、同じ波動である、感謝できるうれしいことやワクワクする楽しいことを引き寄せられるから、というわけです。

しかし、引き寄せの法則に取り組むとき、多くの人は大事なことを見落としてしまっています。

それは、「現実化するのは潜在意識」だという点です。

たとえば、ワクワクして楽しいことを引き寄せようとするとき、実は、そのワクワクを感じているのは「顕在意識」（自覚できる意識）です。

どんなに「ワクワクしよう！」「感謝しよう！」「自分を愛そう！」と思っても、その意識を自覚できているなら、それは顕在意識であり、現実は何も変わりません。

あなたが日常的に実感できるのは、すべて顕在意識だと考えてください。

潜在意識を実感することはできません。

不安や心配を抱いた場合も、それを感じているのは顕在意識なので、不安や心配が引き寄せられることはないのです。

現実化されるのが潜在意識ならば、潜在意識を変えれば、現実が変わり、願いは叶うということ。

ただ、潜在意識は「変えよう！」と意識して変えられるものではありません。

潜在意識は無意識の領域だからです。

では、潜在意識を変えるにはどうしたらいいのでしょうか。

その方法こそが、「魂磨き」です。

潜在意識は、「魂の経験値」によって変化します。

あなたが自覚できる顕在意識は、今までの経験によって変化していますよね？

幼いころと、さまざまなことを経験してきた今の思考は違うと思います。

同じように、潜在意識は魂がさまざまなことを経験することによって変化していきます。

魂の経験値は、魂を磨くことで上がります。

願いを叶えたいのなら、魂磨きをして潜在意識を変化させるのが、最も近道で効率がいいのです。

〝キラキラマインド〟へのチェンジでは魂は磨けない

「今、あなたが経験している現実は、魂を磨く（＝レベルアップさせる）ために訪れているのです。出会う人、起こりうる出来事はすべて、魂磨きができるように用意されたもの、ということです」

先ほど、このようにお話ししました。

つまり、現実と向き合って魂を磨かないかぎり、現実は変化しないということです。

たとえば、「彼から連絡がこない……」、そんな心がモヤモヤしてしまう現実があるとしましょう。

このとき、「モヤモヤしたらモヤモヤすることを引き寄せちゃう！　ポジティブでいなきゃ！」と考え、不安やモヤモヤを「私は愛されているから大丈夫♡」という〝キラキラしたマインドをもつことを、私は〝キラキラマインド〟（無理にキラキラマインド〟と呼んでいます）へ変換させたとします。

しかしこれは、顕在意識を無理やりポジティブに変換しているだけで、潜在意識は変わっていないため、現実は変わりません。

仮に一旦連絡が来て安心したとしても、根本的には意識が変わっていないので、また同じことが繰り返されます。

これも、私が引き寄せの法則で見落としていたことの1つです。

イヤなことがあったとき、無理やり〝キラキラマインド〟に変換するのはやめましょう。

無理に変換してしまうと、その現実はあなたの魂を磨くために訪れているのに、魂磨きができなくなってしまいます。

逆に、変換しないからこそ正しい現実ときちんと向き合うことができ、魂磨きができるのです。

「魂は、①目の前の現実から学びを得て、②意識を変え、③行動を変えることで磨くことができます」とお話ししました。

先ほどの例の場合、まずは「彼から連絡がこない」という目の前の現実から、「なぜ連絡がこないのか」を分析して学びを得る必要があります。

「連絡がこない」という現実は、あなたの魂を磨くために引き寄せているものなので、その現実には必ず何か学ぶべきものがあります。

その学ぶべきものを学べば、「連絡がこない」という現実は変化し、「連絡がくる」という現実を引き寄せられるようになります。

魂磨きでは、〝キラキラマインド〟でいることよりも、現実と向き合うことがとても大切です。

自分がした行いが返ってくる〝カルマの法則〟

カルマとは、「過去世《かこせ》で自分がした行い、もしくは今世で自分がした行い」を指す言葉で、**カルマの法則とは〝自分がした行いが返ってくる〟というもの。**

スピリチュアルの本などではよく「カルマを解消しましょう」などのように言われるので、「カルマ＝悪いもの、怖いもの」と捉えられがちですが、**人を喜ばす行為も、人を傷つける行為も、どちらもカルマと言います。**

引き寄せの法則でも、「自分がしたことは自分に返ってくる」と言われます。

〝よいことをしたら、よいことが自分に返ってくる〟
〝悪いことをしたら、悪いことが自分に返ってくる〟

自分に返ってきたときに、幸せだと感じるような行い（カルマ）なら、特に問題はないですよね。

しかし、自分に返ってきたときにイヤだと感じる行い（カルマ）は、できれば誰もが避けたいと思います。

たとえば、「自分を大切にしない」というカルマは、そのまま自分に返ってきて、「他の人もあなたを大切にしない」というカルマを引き寄せます。

「自分を大切にしない」という行いをやめると、自分に返ってくるものも変わりますが、どんなに「直さなきゃな」「やめよう」と思っても、また同じ行いを繰り返してしまうときがあります。

その場合、結果的にそれがそのまま、また自分に返ってきてしまいます。


どんなに反省してもまた同じ行いを繰り返してしまう原因は、無意識の領域である潜在意識が反省していないからです。

「直さなきゃな」「やめなきゃな」と思うのは、あくまで顕在意識でのことです。

先ほど、潜在意識は魂の経験値によって変化し、魂の経験値は魂磨きによって上がるとお話ししました。

つまり、同じ行いを繰り返してしまうということは、魂がまだきちんと学びを得ていないということ。

表面上の反省ではなく、得た学びをきちんと魂に刻み込む必要があります。（詳しい方法については、「魂磨きの方法」〈44ページ〉でお話ししますね）。

魂がきちんと学びを得て、自分の行い（カルマ）が変われば、現実もきちんと変わっていきますよ。

魂磨きをすれば悩みごとがどんどん減っていく

魂磨きは主に、幸せを感じる出来事ではなく、モヤモヤしたり、イヤだと感じる出来事を用いて行います。

幸せを感じる出来事は、すでに魂が学びを得た経験があるからこそ感じられるものです。

たとえば、彼と別れたとします。

このとき、魂が、「大事な人と一緒に過ごせる時間というのは当たり前ではなく、とてもかけがえのないものだった。一つひとつの出会いをもっと大切にしよう」という学びを得たとします。

すると、次の新しいご縁が結ばれたときに、何気ない会話やお互いが健康に毎日を過ごせることなど、ちょっとしたことにも幸せを感じられるようになります。

このように、魂が学びを得てレベルアップするごとに日常が幸せで満たされていきます。

私たちは魂を磨くために生まれているので、魂を磨かないかぎり、ネガティブな感情を抱く出来事を引き寄せてしまいます。

逆に言えば、ネガティブな気持ちを抱いてしまう出来事が起こるということは、まだ魂磨きをしなければならない部分があるということ。

魂磨きをしていくと、魂がレベルアップして魂を磨く必要がなくなるため、モヤモヤしたり、イヤだと感じたりする出来事を引き寄せなくなります。

学びを得る必要がなくなるからです。

そうなると、悩みはなくなり、胸の中に抱えていた理想が現実化していくだけになります。

魂磨きは執着しなくなるから叶いやすい

もし、すべての人が愛する人と結ばれるのが当たり前だったら、あなたは「愛する人と結ばれたい」と思うでしょうか。きっと思わないと思います。

愛する人と結ばれたとしても、喜びも感じないかもしれません。

「どうして願いが叶わないのだろう……」という悩みや苦しさもないでしょう。

実は、人は願いが叶ったときの幸せを感じるために、わざわざ「叶わない」という現実を引き寄せているのです。

願いがすべて叶うのが当たり前の世界なら、わざわざ不幸を引き寄せて幸せを感じる必要がなくなります。

できれば、願いがすべて叶う世界で生きたいですよね。

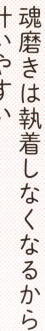

そんな世界を引き寄せるには、「叶うのが当たり前」という潜在意識をもつことが大切です。

しかし、「願いを叶えたい！」と思っているときは、叶えることに執着してしまい、その思いが強ければ強いほど、逆に「叶っていない」という意識が強くなってしまいます。

願いを叶えるには、「叶えたい」という執着を手放す必要があります。

執着を手放してくれるのが、魂磨きです

魂磨きは、「願いを叶えること」にフォーカスしません。

「どうしたら魂を磨けるか」ということにフォーカスします。

願いを叶えることにフォーカスしないので、「叶えよう」という意識の裏にある、「叶っていない」という意識が大きくなりません。

そのため、願いを叶えることへの執着が生まれず、その分、理想がはやく現実化されます。

願いを叶えようとせず、魂を磨くことに集中してみましょう。

願いは、魂を磨いているうちに勝手に叶うようになりますよ♡

魂磨きの方法

魂磨きで願いが叶うのは、

①すべての出来事は、魂を磨くために引き寄せている
②現実化するのは潜在意識で、潜在意識は魂の経験値によって変化する
③魂が学びを得て、自分の行いが変わるからこそ、返ってくるものが変化する

というこの世の仕組みがあるからです。

この3点を理解した上で、実際に魂磨きを行っていきましょう。
基本的な魂磨きの流れは、次のとおりです。

＊STEP1 主観や感情を入れずに事実だけを見る

魂を磨くために引き寄せた出来事は、主観や感情を入れずに、事実だけをそのまま受け入れましょう。まずは現実を曇りなく見ることが大切です。

＊STEP2 自分軸でその現実を受け止める

固定観念を取り払い、素直に自分がどのように感じたかを考えましょう。自分の気持ちに正直になることで、現実をゆがめることなく受け止めることができます。

＊STEP3 現実を冷静に分析して学びを得る

受け止めた現実を分析して、そこから学びを得ましょう。すると、魂の経験値が上がり、潜在意識が変化していきます。

＊STEP4 これからの行動を決める

学んだことをもとにこれからの行動を決めましょう。学んだことをもとに決めると、行動がそれまでとは変わるため、返ってくる現実も変化していきます。

STEP1
主観や感情を入れずに事実だけを見る

私たちはついつい、起きた出来事や相手の言動に対して、自分の主観や感情を入れて見てしまいがちです。

たとえば、あなたが彼と来週の土曜日にデートの約束をしていたとします。楽しみで、土曜日がくるのを待ち遠しく思っていましたが、そんなワクワクした気持ちを裏切るかのように、彼から「ごめん！　来週の土曜日、仕事入っちゃった」という連絡がきました。

自分の主観や感情で、この現実を見た場合、

「私よりも仕事が大切なのかな？」

「私のこと、そんなに好きじゃないのかな……」

「デートの日ぐらい休めないの？　あんまり行きたくなかったのかな……」

と、思ってしまいます。

現実を、自分の主観や感情で、予想してしまうのです。

しかし、もしかしたら彼もあなたとのデートを楽しみに仕事を頑張っていたかもしれません。あなたにはやく会いたくてウズウズするぐらい、彼にとってあなたは大切な存在かもしれません。真実は、彼にしかわかりませんよね。

しかし、あなたが、「デートの約束を断るのだから、私のことは大切じゃない」と思ってしまえば、彼にとってあなたが大切な存在だった場合、あなたは事実を間違えて受け入れてしまうことになります。

事実を間違えて受け入れてしまうと、魂磨きを正しく行えません。

自分の主観や感情で出来事の背景や相手の気持ちを予想するのではなく、この場合は、「デートがなくなった」という事実だけを見ましょう。

STEP 2
自分軸でその現実を受け止める

事実を正しく見ることができたら、次はその現実と向き合い、自分軸で現実を受け止めましょう。

自分軸とは、確固たる自分の考えの軸のことで、自分軸で現実を受け止めるというのは、他人の意見や価値観、世間一般的な固定観念で物事を判断しないということです。

魂磨きをする場合は、誰にも相談せず、自分一人で現実と向き合うことが大切です。

誰かに相談すると、相手の意見に一喜一憂してしまい、自分軸をもてなくなるからです。

「彼とデートの約束をしてたんだけど、仕事が入ったからって急に断られちゃったんだよね」

「ひどいね！　私、前に付き合っていた彼に『仕事』って嘘つかれて浮気されてたことあるよ！」

「そうなんだ……。土曜日はいつも仕事、休みなのにな……。私のこと大切じゃないのかも……」


このように、人に話せば話すほど、他の人の主観や固定観念にまどわされることになります。

すると、せっかくSTEP1で主観や感情を入れずに事実だけを見ることができたのに、他の人の考えに影響されかねません。

だからこそ、魂磨きは一人で行うことが大切なのです。

自分一人で現実と向き合うために、落ち着いて考える時間をつくりましょう。

そして、起きた現実を否定せずに認めたら、その現実を自分がどう思ったか、素直に考えてみましょう。

このとき、「この世に他の人が誰もいない、誰の目も気にしなくていいとしたら、自分はどう思うか？」と考えると、自分軸で考えやすくなります。

現実をそのまま受け止めるのは時につらいこともあるでしょう。

しかし、きちんと受け止めずに、起きた出来事を「イヤだ」と拒否すれば、そこから学びを得ることができなくなり、また同じような出来事を引き寄せてしまいます。

イヤな出来事が繰り返し起きているということは、あなたが現実を受け止めずに拒否しているということです。

イヤな出来事があったときは、拒否するのではなく、

「もっと幸せになるチャンスが訪れた！　私はここから何を学ぶ必要があるのかな？」

という気持ちで受け止めてください。

イヤな出来事が起こったとき、あなたは試されています。

「より素晴らしいステージに進むために、魂が磨かれているかチェックされているんだ」という意識をもって過ごすと、魂磨きに前向きな気持ちで取り組めるようになりますよ。

STEP3 現実を冷静に分析して学びを得る

自分軸で現実を受け止めたら、次は、その現実を冷静に分析して、そこから学びを得ましょう。

私たちは魂を磨くためにさまざまな出来事を経験し、たくさんの人と出会います。

人生は、そのものが魂を磨く〝教科書〟です。

魂を磨くために引き寄せた出来事を「ただの出来事」で終わらせるのではなく、その出来事から現実を分析し、そこから学びを得ることで、それが「魂の経験」となり、潜在意識が変わっていきます。

しかし、いざ、「起きた出来事から現実を分析して学びを得よう！」と思っても、なかなか難しいかもしれません。

そこで、最も取り組みやすいオススメの方法をご紹介します。

それは、「魂磨き日記」をつけることです。

魂磨き日記は、通常の日記をもとに、自分の考えや感じたことを一つひとつ分析して書き記します。

頭の中でも分析はできますが、気づいたことや学んだことを文字に残しておくと、あとで見返すことができるのでオススメです。

「魂磨き日記」の具体的な書き方は、次のとおりです。

2つのステップを踏みましょう。

①通常の日記を書く

まずは普通に日記を書きましょう。

できるだけ起きた出来事と自分の気持ちを書くと、このあとの分析がしやすくなります。

②現実を分析し、学びを得る

「その現実を自分はどう感じたか」

「なぜそう感じたのか」

「自分にこの出来事が起きたのはなぜなのか」

と、分析しましょう。


分析することで、今の自分の潜在意識を知ることができます。

そしてそこから、「この現実が教えようとしていることは何か」を考えましょう。


「魂磨き日記」では他にも、次のようなことを心がけましょう。

＊素直に書く

日記には、強がったり嘘をついたりすることなく、正直な気持ちを書くようにしましょう。

そのためにも、日記は誰にも見られないようにするのがいいでしょう。

＊分析&学びの部分の語尾は「〜かもしれない」になる

潜在意識は無意識の領域なので、分析は現実から推測するしかありません。

潜在意識は現実に表れるからです。

また、学びに関しても正解はないため、分析&学びの部分の語尾は多くの場合、「〜かもしれない」という形になります。

正解はないので、自由に考えてみましょう。

あなたが導きだした答えが正解です。

＊人の言葉もメモする

人を通して、自分の魂に必要なメッセージを受け取る場合があります。

誰かの言葉が心に引っかかった場合は、いい言葉も悪い言葉も、積極的にメモしておきましょう。

＊毎日書かなくてもいい

魂磨きは、幸せを感じる出来事ではなく、モヤモヤしたり、イヤだと感じる出来事を用いて行うので、「魂磨き日記」は主にネガティブな感情を抱いたときに書きます。

そのため、毎日書く必要はありません。

＊分析には知識があるとなおいい

自分の思考や行動から学びを得るには、心理学の知識があるとよりうまくできるようになります。

もっと分析を掘り下げたいと思ったら、心理学を学んで取り入れましょう。


では次に、「魂磨き日記」の具体例を紹介します。

日記なので、正解はありません。

学ぶことを自分なりに楽しんで書くようにしましょう！

通常の日記例

○月△日

今日は○○ちゃんに会った。大学の卒業式以来、久しぶりに会った○○ちゃんは、結婚して子どもを産んでいた。「はやく結婚しなよ〜」のひとことにモヤモヤした。

○○ちゃんは、ただ幸せ話をしたかったのかもしれないけれど、私には自慢に聞こえた。幸せそうに話す○○ちゃんに「素敵だね〜」って笑えなかった。

家に帰ってから、嫉妬している自分にモヤモヤした。

私もはやく結婚したいな。

書き方のポイント

＊ モヤモヤしたことやイヤだと感じたことを書き出しましょう。幸せより負の感情に着目しましょう！

＊ 疑問に思ったことも書いておきましょう。

＊ なぜか引っかかった、人の言葉もメモしておきましょう。

＊ 日記は最近の出来事でなくてもOK。過去の出来事からでも、魂磨きはできます。

幸せそうに話す○○ちゃんに「素敵だね～」って笑えなかった。

➡ SNS上での他人には素敵だなぁ～と素直に思えるのに、身近な存在に対して思えないのは、身近な存在だからこそ自分と比べるからだと思った。たとえば、手の届かない別世界の芸能人の投稿には一切嫉妬をしない。身近な存在だからこそ、比べる対象になって嫉妬してしまうのかもしれない。

5

家に帰ってから、嫉妬している自分にモヤモヤした。

➡ どうして嫉妬している自分に対してモヤモヤするのか。嫉妬=悪という固定観念があるからかもしれない。別に嫉妬することは悪いことではないのに、嫉妬は醜いものだという考えが自分の中にあるんだと思った。

6

私もはやく結婚したいな。

➡ 今日の出来事を振り返ってみると、目の前にいる男性を見ずに、その先にある結婚という形にとらわれていると感じた。目の前にいる男性と真剣に向き合わないから、自分と真剣に向き合ってくれる男性と出会えないのかもしれない。

7

➡ 自分と真剣に向き合ってくれる男性と出会いたかったら、まずは結婚という形を追い求めるのではなく、男性の心と真剣に向き合う必要があると思った。これからは形を追い求めるのではなく、人の心と真剣に向き合えるようにしていこう!

8

魂磨き日記例

○月△日

今日は○○ちゃんに会った。大学の卒業式以来、久しぶりに会った○○ちゃんは、結婚して子どもを産んでいた。

➡結婚して子どもを産んでいたところに着目してしまうのは、私が「結婚」に執着があるからかもしれない。 1

「はやく結婚しなよ〜」のひとことにモヤモヤした。

➡モヤモヤしたのは、結婚したくても出会いがなくて焦っている気持ちがあるからだと思った。 どうして焦ってしまうのか。「結婚=女の幸せ」という考えが強く自分の中にあるからかもしれない。 2

➡「結婚=女の幸せ」という考えが強いのは、SNSで結婚している女性のキラキラした投稿をいつも見ていたからかもしれない。結婚は二人の愛を形にしたものなのに、私は、自分の今の人生がキラキラしていないから、結婚している女性のキラキラした感じに憧れて、結婚という形を求めていたのかもしれない。 3

○○ちゃんは、ただ幸せ話をしたかったのかもしれないけれど、私には自慢に聞こえた。

➡自慢に聞こえたのは、私は結婚したくてもできないのに○○ちゃんはそれを手にしているからだと思った。もし私が○○ちゃんと同じように結婚していたら、自慢に聞こえなかったのかもしれない。 人の話を自慢に思うのは、自分が手にしたくても手にできないものがあるときだと思った。 4

前ページの「魂磨き日記例」の分析部分を、詳しく見ていきましょう。

1

外見、性格、仕事など、大学を卒業してから今までを振り返り、他にも着目するところはたくさんあるのに、〝結婚して子どもを産んでいた〟という部分に着目したのはなぜなのか？

そう考えると、そこには執着が隠されているのではないかという考えにたどり着きます。

例では、執着にたどり着きましたが、導きだす答えは人によって違います。正解はないので、思ったことを自由に書きましょう。

2

「モヤモヤした」は、負の感情です。ここに、魂を磨くための学びが隠されています。「なぜモヤモヤするのか？」を考えて、思いついたことを素直に書きだしていきます。

モヤモヤの原因が焦りだと思ったら、今度は「なぜ焦るのか？」を深く掘り下げてみましょう。

「なぜ？」と自分に問いかけ続けていくことで、潜在意識がわかってきます。

3

自分の心の中に強く存在している「結婚＝女の幸せ」という固定観念について深く掘り下げていきます。

固定観念は、日常生活の中で生まれるもの。自分の日常生活と照らし合わせ、なぜ固定観念が生まれたのかを探ってみましょう。

4

なぜ自慢に思うのか？　素直な自分の気持ちを書きだしていきます。

そこから学んだことを＋αでメモしておくと、自分の成長をあとから振り返ることができるのでオススメです。

5

2と同じように、イヤな感情の理由を掘り下げていきます。

素敵だと思えないのはなぜなのか？

←

そもそも結婚に憧れがあるなら、素敵だと思うはず。

←

そういえば、SNS上の他人に対しては素敵だなと思う。

←

身近な人だからこそ、嫉妬してしまうのかもしれない。

←

※以下、疑問がなくなるまで続ける。

自分の言動を冷静に分析することで学びを得ることができます。

6

なぜ自分に対してモヤモヤするのか、これも**5**と同じように自分に問いかけることで潜在意識を探っていきます。

（ちなみに、自分に対してモヤモヤするときは、善悪で物事を判断しているときが多いです。この世には善も悪もありません。詳しくは、78ページでお話ししますね）

7

私たちは、自分の潜在意識で考えていることと同じものを引き寄せます。それを踏まえた上で、なぜこの現実を引き寄せているのかを振り返ってみましょう。

8

学び得たことを踏まえて、これからの自分の人生の方針を決めましょう。

実際に「魂磨き日記」を書いてみると、最初はどうしたらうまく分析できるのかわからないということがあるかもしれません。

そんな方のために、分析例を次のページにまとめてみました。

日記に負の感情が出てきたときは、参考にしてみてください。

分析に正解はないので、同じ執着という感情を抱いても、人によって、また、時と場合によって分析内容は変わる場合があります。

分析例はあくまで参考程度にとどめましょう。

わからなくて分析できない場合は、一旦放置でOK。数カ月後に「あ！　あの日のことは、こういうことか！」というように、腑《ふ》に落ちるときがきます。


日々、「魂磨き日記」を通して自身の言動から思考を掘り下げていくと、分析も自然とできるようになっていくので安心してくださいね。

最初はうまくできなくても大丈夫。

まずは、「魂磨き日記」を書くことに慣れるところからスタートしていきましょう！

魂磨き日記の分析例

執着

それがないと「幸せ」を感じられないと思っている。

嫉妬

自分も手にできると思っている。

怒り

- 自分の中の価値観を相手に押しつけている。
- 期待をしていた。

不安

- 過去にトラウマや失敗がある。
- 自信がない。

悲しみ

自分の中にある恐れの意識が顔を出した。

モヤモヤ

自分に対してのネガティブな感情を引きだされた。

自己否定

「～じゃなきゃいけない」というとらわれた意識がある。

悪口

自分の価値観や意見に自信がなく、人と違うことが怖いという意識がある。

愚痴、不満

当たり前が増えていき、小さなことに幸せを感じられない。

STEP4

これからの行動を決める

「魂磨き日記」を書き終わったら、学んだことをもとに、これからの行動を決めていきましょう。

学びを得たとしても、行動しなければ現実は変わりません。家で、ただ何もせずに過ごしても、人生は動きませんよね。

受け止めて、学びを得て、潜在意識を変えて行動することで、現実は変わっていきます。

具体的には、「魂磨き日記」を書き終わったら、ひと通り目を通し、最後に【まとめ】という項目をつくって箇条書きでこれからの行動を書きだしましょう。

行動・実践しやすいように、できるだけ具体的なものにすることが大切です。

まとめ例

＊今の自分の人生がキラキラしていない。キラキラしていることへの憧れから結婚という形に執着しているから、自分が夢中になれるものを探してみる。

➡ずっと習ってみたいと思っていた料理教室に通おう。さっそく、通う料理教室を決める！

＊身近な人と比べて嫉妬しているなら、その人の人生を見る暇がないぐらい自分の人生に夢中になってみる。

➡自分の時間が充実するように、1日のタイムスケジュールを紙に書きだして見直し、予定をつめる。

＊結婚という形にとらわれるのではなく、現実の男性の心と向き合ってみる。

➡相手の立場になって考えられるように男性心理について学ぶ。

行動の方向性を決めたら、すぐに取りかかれる具体的な行動を決めましょう。

行動は、自分のプラスになると思うものにするのがポイントです！

人は過去世の影響を強く受けている

実際に魂磨きをしていくと、悩みが浮き彫りになります。

何をしてもやせない、肌荒れがよくならない、いつも恋愛で失敗する、人間関係がうまくいかない……。

いろいろな悩みが出てくると思いますが、これらの悩みを解消するカギは、「過去世《かこせい》」にある場合があります。

私たちは生まれ変わるたびに体は変わりますが、魂は過去世から同じです。得意なこと、苦手なこと、性格、口グセなどは、実は過去世が深く関わっている場合が多くあるのです。

クライエントさんの悩みを例に、見ていきましょう。

AさんとBさんは、ずっと抱えている悩みがありました。原因を探ろうとチャネリングをしてみたところ、二人とも過去世の影響を強く受けていました。

・Aさん
悩み↓身近にいるお父さんに強いストレスを感じる

Aさんは、前世ではお嬢様でした。過去世であまりストレスを感じることなく生活してきたため、今世ではストレスに対しても行動できるように学ぶ必要があり、身近な人からストレスを感じる環境にいたのです。

・Bさん
悩み↓何をしてもなかなかやせない

Bさんは、前世で自己管理をパートナーに任せる生活をしていました。
そのため今世では、自己管理を学ぶために太っていたのです。

このように、望みがなかなか叶わない現実には過去世が関わっていることがあります。

しかし、AさんとBさんの例でもわかるように、私たちには、魂磨きができるように最適な環境が与えられています。

（Aさんはストレスに対して行動することが、Bさんは体の自己管理をすることが、魂を磨くことにつながります）

私の場合は、①時間という概念を知ること、②生活を正すこと（整理整頓）の2つを今世で学ぶ必要がありました。

私は小学生から高校生まで、「10分前行動が当たり前」という時間に厳しい学校で過ごしてきました。

それだけでなく、授業中に先生が話し始めたら、一旦ノートを書くのをやめて先生の目を見て話を聞かないと注意される、寒いからと制服のポケットに手を入れるだけで「手を出しなさい！」と指導されるなど、とても厳格な学校でした。

また、父親には敬語で話さないといけないほど、厳しい家庭でした。

どうして私の周りはみんなこんなにも厳しいのだろう、どうして少しのことでここまで叱られないといけないのだろうと思っていました。

これは、私が今世で学ぶ必要があるのが①と②だったため、厳しい環境で過ごし、自分を律することを学ばないといけなかったからです。

魂を磨いていけば、過去世から影響している、学ばなくてはいけないことが学べるので、現実が変わっていきます。

私も魂磨きをしたことで、それまでと環境ががらりと変わりました。

学びを得たことで、厳しい環境や自分を律する必要がなくなったからです。

「恋人になる相手にいつも浮気される……」
「学校も職場もずっと厳しい環境だった……」
「仲が深まった友人といつも縁が切れることになる……」

人生の中で、変えたいのになかなか変わらないことはありませんか？

ゲームはクリアしなければ同じところからスタートします。

同じように、悩みから学びを得てクリアしなければ、また最初に戻り、同じような出来事を経験することになります。


目の前で起きている出来事はすべてに意味があります。

日常を一生懸命に生きることが、魂を磨くことにつながります。

今いる環境も、状況も、魂を磨くためにふさわしい場所、ベストな環境だという意識をもって生活しましょう。

自分の魂の特徴を知る

私たちは魂を磨くためにこの世に生まれています。

これは、すべての人に共通することです。

チャネリングのセッションで、「私は人より○○が苦手です」「人より○○ができません」というような相談をよくされますが、悩む必要はありません。

私たちは魂をレベルアップさせるために生まれているので、できないことがあるのも、失敗するのも当たり前です。失敗もレベルアップに必要な過程だからです。落ち込む必要はありません。

失敗は失敗ではなく、魂の1つの素晴らしい経験だと捉えましょう。

過去世と今世での魂の経験によっても、できること、できないことには個人差が生まれます。

あなたが仮に今27歳でも、生まれ変わりの回数が少なければ、生まれ変わりが多い18歳の人のほうができることは多くなります。


できないことや苦手なことは、魂の経験が少ないだけで、あなたのせいではありません。


どんなに頑張っても、全力でチャレンジしてもできないことは、あなたの**魂が不得意であるというだけのこと**です。

魂の不得意なことは、無理に変えようとしたり、できずに自己嫌悪に陥ったりするのではなく、ライフスタイルに影響が出ないように心がけるだけで十分です。

反対に、魂が得意なことは積極的にどんどん活かしましょう。

そうすることで、とても生きやすくなりますよ。

自分の魂とうまく付き合えるようになると、理想の現実化がはやくなります。

自分の魂の得意なこと、不得意なことを知るためにも、自分の魂の特徴を探ってみましょう。

あなたが、自覚はないけれど周りから褒められることや、自分ではたいして努力していないのに人よりもできることはなんでしょうか。

出た答えは、魂の経験が多く、あなたの魂が得意なことです。

たとえば、大勢の前で話すときに緊張しない人は、過去世でそのような経験が多く慣れているから。これを仕事に活かすと、あまり苦労することなく物事がスムーズに進むので、その分、ライフスタイルが充実します。

人前で話すときに緊張しない人は、教師、アナウンサー、司会などが向いていると言えます。

反対に、過去世で経験が少ないことは、どんなに努力をしても、思うようにいきません。

自分の限界まで頑張っても、どうしてもできないことは、生活に支障が出ない程度に付き合いましょう。

たとえば、どんなに努力しても人と話すのが苦手だったら、無理にコミュニケーションをとったり、集団の輪に入ったりする必要はありません。

挨拶を心がけるなど、最低限の常識や礼儀で人と接するだけで十分です。

また、幼いころから変わっていない部分というのは、よくも悪くも魂の性格です。年齢を重ねるにつれて、価値観や考え方は変化していくものですが、魂の性格は過去世からの経験によって築かれているので、なかなか変化しません。

魂の性格を受け止め、その魂の性格を活かせるように工夫して、日常生活を送るといいでしょう。

たとえば、幼いころからずっと「短気」という部分が変わらない場合は、人混みを避けるなど、自分がイライラを感じないように工夫しましょう。

魂の性格が「前向き」な場合は、失敗やへこむことがあってもポジティブでいることができるので、やりたいことにはどんどんチャレンジするといいかもしれません。

魂の得意なこと、不得意なこと、性格を知って活かすことで、悩みが消え、願いも叶いやすくなりますよ。

魂の特徴を探る方法

①自分では普通だと思っているが、人よりもできることは何か

➡過去世～今世の中で、魂がたくさん経験してきたこと。

〈例〉

・緊張せずに大勢の前で話せる

・スケジュール管理が得意　etc.

②どうしてもできないことは何か

➡過去世～今世の中で、魂が今まであまり経験してこなかったこと。

〈例〉

・片づけられない

・決断ができない　etc.

③幼いころから変わっていないことは何か

➡よくも悪くも魂の性格。

※魂の性格は幼いころから変わらないものなので、両親にどんな性格の子どもだったかを聞いて、今と変わっていない部分があれば、それは魂の性格と言えるでしょう。

〈例〉

・短気

・前向き

・へこたれない　etc.

願いが叶うのは性格がいい人ではない

私たちは、いつもポジティブでいられるわけではありません。

時に迷い、悩んでしまうこともあります。

いつも前向きでなくてもいいのです。

いつも優しくなくてもいいし、いつも頑張らなくても大丈夫です。

理想の現実化に性格の善し悪しは関係ありません。

そのため、

「ポジティブでいなきゃ！」

「素敵な人でいなきゃ！」

「人に優しくしなきゃ！」

このように無理して自分を着飾って「いい子」でいる必要はないのです。

この世の物事はすべて善であり、視点を変えればすべて悪でもあります。

たとえば、あなたが「すぐに感情的になってしまう自分なんてダメだ」と、自分を「悪」と判断したとしても、それは「善」でもあります。

感情的になれるということは、感じることができる心をもっているということですから。


この世に善悪などないことを知り、無理にいい人になろうとするのはやめましょう。

自分自身や自分の言動を「悪」だと否定して、「善」に変えようと無理やり自分を着飾ると、偽りのないそのままの「現実」から学びを得ることができなくなり、魂磨きができなくなってしまいます。

着飾らないからこそ現実と向き合うことができ、魂磨きが進むのです。

願いが叶う人は、性格がいい人ではなく、自分を着飾らないで自分に素直な人です。

自分の気持ちに正直でいることを心がけましょう。

優しくできないあなたも、ネガティブなあなたも、頑張れないあなたも、怠けてしまうあなたも、すべてを許すことが大切です。

いいも悪いもないのですから。

善悪で物事を捉えるのをやめると、自己否定がなくなるため、魂磨きが進み、理想の現実化がはやくなります。

また、善悪による固定観念がなくなり、自分のことも他者のことも評価しなくなるので、自由に、楽しく、人生を生きられるようになります。

その余裕から他者の言動を許せるようになり、周りの幸せを願い、応援できるようにもなります。

そうなると、さらに生きやすくなり、どんどん魂磨きが進みます。

負の感情が芽生えたときは善悪で判断して自分を着飾ろうとせず、常に「今、本当はどうしたいの？」と自分に問いかけるようにしましょう。

part 2

願いを叶えるスピードを速める方法

生まれもった自分の装備をフル活用する

あなたの生まれもった顔、声、雰囲気、話し方、性格、特技、苦手なこと、好きなこと……。

そのすべてに意味があり、そのすべてがあなたの願いを叶えるために必要なものです。

自分に対して「イヤだ」と思う部分がある人は少なくないでしょう。

誰しもコンプレックスの1つや2つはありますよね。

しかし、その「イヤだ」と思う部分は、あなたの魂を磨くために必要なものなのです。

あなたは最初から、フル装備で生まれてきました。

あなたが生まれもった容姿、好きなことや嫌いなこと、すべてが魂を磨くために必要な装備です。

自分を否定するということは、自らその装備を外して魂磨きが困難になる道を進むということです。

他人の装備をうらやましいと思っても、それはあなたが歩む道ではむしろ足手まといになるものかもしれません。

世界にたった一人の自分を愛し、自分がもっている装備をとことん使いこなしましょう。

願いがすぐに叶う人というのは、自分が生まれもった装備をフル活用している人です。

逆に言えば、願いをすぐに叶えたいのなら、自分がもっていないものは使わないことです。

これが、成功の秘訣です。

何かを叶えようとするとき、ついつい人と比べて「私は◯◯がないからどうにかしなきゃ！」と、もっていないものを補おうとしてしまいがちです。

他人と比べて「あれがない、これがない！」というように埋め合わせの作業ばかりしてしまうと、魂磨きがいつまで経っても進みません。

願いを現実化させるために不足しているものなど何もないということを知りましょう。

あなたが生まれもったものをフル活用することで、願いは、よりはやく現実化しやすくなりますよ。

成功の秘訣

願いがはやく叶う人

生まれもった装備をフル活用する
(生まれもった装備とは、容姿や性格、好きなこと、嫌いなことなど)
⬇
魂磨きが進む
⬇
願いが現実化する

願いがなかなか叶わない人

他人と自分を比べて、自分がもっていないものを埋めようとする
⬇
埋めても埋めても足りないものが次から次へと出てくる
or
埋められない
⬇
魂磨きが進まない
⬇
願いが現実化しない

**成功の最大の秘訣は、
もっていないものに目を向けないこと!**

欲があるからこそ豊かになる

小さなことに喜びを感じたり、感謝したりすることはとても素敵なことです。

ですが、自分の欲に制限をつけていませんか？

小さなことに満足する潜在意識の場合、引き寄せるのは、小さな、いいことになります。


「手取り16万円だけど、一生懸命働いてお金をいただけることに感謝♡」

⬇手取り16万円で一生懸命働くことに感謝しているから、よくも悪くもそれが現実化され続ける。

また、一生懸命働かなければお金を稼げない現実を引き寄せる。

「高級ブランド品もいいけど、プチプラでも私は幸せ♡ありがとうございます」

⬇プチプラのよさで自分を満足させて感謝をしているから、高級ブランド品を当たり前に買えるほどのお金を引き寄せることができない。

このように、**感謝することで手に入らない自分を正当化してしまうと、それがずっと続くことになります。**

叶えたい願いがあるのだとしたら、手にできない自分を正当化させ、無理して今に感謝することはやめましょう。

それが、あなたの理想の現実化を妨げるからです。

感謝は自然に湧きでてくるもので、探したり、無理にしたりするものではありません。

「感謝できることを探す」ことは、「私も幸せが簡単に手に入るんだ！」「私はこんなに幸せだったんだ！」と気づくのには、とても有効的です。

気づくことで、顕在意識で希望がもてるからです。

ですが、潜在意識がそれによって変化するわけではありません。

どんなに感謝をしたところで、潜在意識が変化しなければ叶いません。

感謝をするから叶うのではなく、感謝をすることで学びを得て、その得た学びにより意識が変わり、行動を変えるからこそ叶うのです。


行動するということは、感謝していることと同じです。

行動は、「命（時間）を大切にします」という潜在意識の表れだからです。

わざわざ感謝をしなくても、〝魂磨き〟という行動をすれば、常に感謝の意識で生きていることと同じになります。

感謝できることを探すのではなく、「この願いが叶って当たり前の自分になります！」という意識をもって魂磨きをコツコツ行いましょう。

「叶えたいことがある」ということは、現状に感謝をしていないということではなく、感謝はしているけれど、満足はしていないということ。

そんな自分に、もっと素直になりましょう。

満足していないのに、無理やり小さなことに感謝しようとしなくていいのです。


「月給20万円よりも月給100万円！」

「一生懸命働くよりも自由に楽しく働く♪」

「私に相応しいのは王子様のような人♡」

「回転寿司よりも高級寿司！」


というように、自分の欲に制限をつけずに「私にはもっと相応しいものがある」という意識で魂磨きをすると、理想の現実化がもっとはやくなりますよ。

エゴと魂の両方を満たす

誰もが願いをはやく叶えたいと思います。

そんなとき、ついつい妥協して願いを叶えようとしてしまいますが、これは危険です。

なかなか出会いがなく、結婚を焦っているクライエントさんがいました。

彼女は、はやく結婚をしたいと思っていたため、ある男性と妥協してお付き合いしようとしていました。素敵な男性でしたが、「なんか違う……」というモヤモヤした気持ちがあったそうです。

周りの人には「完璧な人はいないよ。どこかで妥協しなきゃ結婚できないよ！」と言われ、ますます焦り、私のチャネリングセッションを受けにきてくださったのでした。

「なんか違う」というような言葉にできない気持ち、「なぜだかわからないけれど……」というような自然と湧きでてくる感情は、〝魂の声〟です。

魂の声を無視して妥協して決めるということは、顕在意識だけで行動するということ、つまり、「エゴ」（この場合ははやく結婚したいという気持ち）だけで動くということになります。

エゴは、「○○だから××したい」というような条件付きの気持ちのこと。

見栄や焦り、他人の評価などを気にしてエゴを優先して生きるようになると、無意識の領域である魂の声がわからなくなってしまいます。

魂の声を無視してエゴである顕在意識だけを優先して生き続けるかぎり、魂が望んでいる理想の現実化は難しくなります。

クライエントさんは、チャネリングセッションを受けたあと、魂の声を優先して先ほどの男性とお付き合いすることはやめ、一旦魂磨きに取り組みました。

すると、「まさに運命の人！」と思える男性と出会い、お付き合いからわずか半年で結婚することになりました。

魂の声を大切にしたからこそ、本当の幸せを手に入れることができたのです。

イヤだと思う現実はすぐに変えたいし、他の人ができているのに自分はできていなかったりすると、焦りが出て手近な対策で手を打とうとしてしまいますよね。

でもそんなときは、「それは本当に自分が手にしたいことなのか？」と、一度真剣に考えてみてください。

「幸せそうだから」などのように、他人の姿を見て目指すのではなく、自分が本当に手にしたいものを明確にしましょう。

「あの人は叶っているのに、私は叶っていない」などのように他人と比べてしまうと、叶えることに執着してしまい、魂磨きが進まなくなります。

他人とあなたの魂は、ここに生まれた目的も学ばなければならないことも、まるっきり違います。

ですから、他人の人生に着目したところで、自分の魂の磨き方はわかりません。

あなたの願いは、自分の人生から学びを得ることで叶っていきます。

あなたの願いが現実化するための答えは、間違いなく、あなたの人生に隠されています。

しかし、魂の声にだけ従えばいいかというと、実はそれも違います。

エゴ（欲）も魂も、どちらも満たすことが大事です。

少なからずエゴが満たされないと、満たされない気持ちに支配され、魂の声を聞けなくなってしまうからです。

なので、エゴはもっていてもいいのです。

ただ、それだけを優先しないようにすることが大切です。

エゴは、魂の声に従って行動すれば、自然と満たされていきます。

自分の魂の声に従って行動するからこそ、願いが叶いエゴが満たされ、エゴが満たされるからこそ魂磨きができ、また願いが叶っていきます。

エゴと魂のどちらも満たすことで、よりはやく、理想どおりの現実を引き寄せることができるのです。

言動と気持ちの矛盾をなくす

クライエントさんの中には、「自分のことが嫌いなんです……」とおっしゃる方がいます。

しかし、セッションに来ているということは、自分のために「今」を変えたいからのはずです。

「自分を嫌い」と言いながら、自分のためにご飯を食べ、自分のためにお風呂に入り、自分のためにお金を使っていますよね。

言動と気持ちが矛盾していると思いませんか？

本当に自分が嫌いだったら、自分のために動こうとはしません。

そう、ほとんどの人は、自分が大好きなのです。

自分が大好きだけれど、それを認めていないだけです。

そもそも、「自分が嫌い」だと自分のことで悩むということ自体、それだけ自分に関心があり自分が大好きだということ。

自分のことが心から嫌いだったら、自分のことには無関心で悩むことすらしませんからね。

悩むくらい、自分のことを大切にできているということです。

このように、言動と気持ちに矛盾がある点は、自分の潜在意識を知ることができるポイントであり、魂磨きで着目するといい部分です。

日常の中から、言動と気持ちが矛盾している点を見つけましょう。

言動と気持ちが矛盾している点を見つけたら、その矛盾をきちんと受け入れるようにしましょう。

たとえば、「自分のことが嫌い」という悩みに対して、「悩むということは、それだけ自分のことが大切だということだよ」と指摘されると、「そんなわけない！」と感情的になってしまう人は多いものです。

なかなか受け入れられないのはわかります。

しかし、感情的になってしまうと、そこから学びを得ることができなくなり、魂の経験につながりません。

むしろ矛盾を受け入れなければ、冷静に自分と向き合えないのです。

言動と気持ちの矛盾は、特に女性に多いように思います。

＊「別に会わなくていいもん！」と彼に言いながら、彼が何をしているか気になる。
＊「お金は今ある分でも十分♡」と言いながら、お金持ちに嫉妬する。
＊「うらやましくない」と言いながら、相手のSNSをついついチェックする。

このような矛盾があったら、「私のこの言動は○○という意識をもっているからかもしれない」というように、自分の無意識の領域を分析し、矛盾をなくしていきましょう。

言動と気持ちの矛盾がなくなれば、魂磨きはさらに加速していきます。

大きな困難は願いが叶うサイン

魂磨きを続けていると、大きな困難が訪れることがあります。

・彼と別れることになってしまった
・仲のよかった友人と疎遠になってしまった
・今の職場をやめなくてはいけなくなってしまった　etc.

しかし、彼との別れは運命の人と結ばれるため、友人と疎遠になったのはあなたの魂が磨かれて魂のレベルが上がったため、職場をやめることになったのはやりたいことを実現するため、かもしれません。

このように、**願いが叶う途中には大きな困難が訪れます。**

別れや決断は、そのときには多少なりとも勇気がいりますし、イヤなことを感じるかもしれません。

しかし、願いを叶えるということは、今までとは違う新しい世界に踏み込むということ。変化にはたくさんのトラブルやアクシデントがつきものです。

未知の世界ですから、不安や恐れが生まれることもあります。

けれど、それは当たり前のことですから悩む必要はありません。

願いが叶うときに誰しもが通る道です。


桜は春に満開になり、そのあとは散っていきますよね。

そして、また春が訪れると美しい花を咲かせます。

花は、準備期間があるからこそ、美しい花を咲かせることができるのです。

人も同じように、〝準備期間〟を経て願いが叶います。

この準備期間の感じ方は人によって違いますが、共通して言えるのは「苦しい」時期だということ。

しかし、その準備期間を乗り越えれば、素敵な出会いがあったり、仕事が成功したりと、大きな夢が叶います。

私も魂を磨いていく過程で、何度か苦しい準備期間が訪れました。

＊運命の人と出会う前

元彼と復縁したくてとても苦しんでいました。

＊プロポーズされる前

人生の大きな決断をしなければならず追い詰められていました。

＊本の出版が決まる前

これからの仕事の方向性に葛藤を抱えていました。

準備期間は苦しい時期ですが、あなたの理想がスクスクと育つ時期でもあります。

準備期間の訪れは、「あなたの夢はもうすぐ叶いますよ～♪」というサインです。

この期間に魂磨きをしっかり行い、チャンスを無駄にしないようにしましょう。

種をまいても必ず花が咲くとはかぎらないように、準備期間の過ごし方によって理想がどのように現実化されるかが左右されます。

「苦しい」時期である準備期間は、マイナスな感情に振り回され、なんとなく行動する気がなくなってしまいます。

そんなときは、「どうやったらこの準備期間を乗り越えられるか」と対策を考えることにフォーカスしましょう。

そうすることで、つらい準備期間もいつもどおり魂磨きができます。

願いを叶える途中で、イヤなことは当たり前のように起こります。

イヤなことを避けるために魂磨きをするのではなく、願いを叶えるために魂磨きをしていることを忘れずに過ごしましょう。

願いを叶えるための選択肢はなんでもいい

たとえば、「人を癒したい」という夢を叶えようとするとき、選択肢はたくさんあると思います。

文章で人を癒すエッセイストになる、アロマで人を癒す、音楽で人を癒す、カウンセリングで人を癒す……、さまざまな方法があります。

選択肢が多いほど、どの方法をとるべきか悩みますよね。

しかし、実は魂的にはなんでもいいのです。

叶えたい夢は、「○○になりたい！」と具体的に1つに絞るのもいいですが、「人の命を救いたい」「食で人の心を満たしたい」「ファッションに関わることで女性を笑顔にしたい」というように、ふわっとした夢をもったほうが、理想の現実化はやくなります。

選択肢を明確に絞ってしまうと顕在意識で行動してしまうようになり、魂がもっている力を発揮できない可能性が出てくるからです。

また、「それ以外、受けつけない！」という意識をもちやすくなるため、チャンスを柔軟に受け入れることができなくなってしまいます。

たとえば、「お金持ちになりたい」という理想があった場合、「宝くじを当ててお金持ちになる」としていたら、宝くじが当たるのを待つしかありません。

でも、「お金持ちになりたい」としていたら、宝くじが当たるかもしれないし、仕事で稼げるようになるかもしれないし、お金持ちと結婚するかもしれない……。

さまざまな形で叶えることができるというわけです。

願いが叶う形が10通りあったとしても、あなたが叶え方を1つに絞ってしまうと、その分、叶う確率は低くなります。

「○○になりたい！」という明確な願いは、顕在意識から生まれたエゴでもあります。

「なんだかわからないけど、私は〇〇がしたいなぁ～」という曖昧《あいまい》なものこそが魂の声です。

魂の声に従って行動すれば、自然とエゴは満たされていきます。

魂の声を叶えるための方法は、なんでもいいのです。

数ある選択肢はどれも、魂の声を叶えるための1つの方法に過ぎません。

1つに絞らずに、たくさんの選択肢を柔軟に受け入れるようにしましょう。

そうすると、願いがよりはやく叶うようになりますよ。

「停滞期」の乗り越え方

ダイエットには停滞期がありますよね。

やせる

⬅

停滞期が訪れる（なかなかやせない）

⬅

乗り越えてさらに魅力的な体型になる

⬅

また停滞期が訪れる……

実は、魂磨きにもダイエットと同じような停滞期があります。

約1年間、継続してチャネリングセッションを受けてくださったクライエントさんがいます。

そのクライエントさんには、その方に合った魂磨きを指導していました。

月日が経つごとに、クライエントさんの潜在意識が変わり、人生がキラキラとしたものに変わっていくのを間近で見ることができ、とてもうれしかったのですが、ある日、「最近、何もやる気が起きなくて……。朝起きて、夕方まで寝ちゃうぐらいです」と、相談されました。

その方は、次のステージへとレベルアップする停滞期に入ったようでした。

「なぜかわからないけれどモヤモヤする」
「気分が上がらない」
「何もやる気が起きない」

というような、エネルギーの巡りが悪くなる時期が魂磨きの停滞期です。

停滞期は、魂のステージが次のステージへレベルアップする前に訪れます。人それぞれですが、眠気が襲う、やる気がなくなる、モヤモヤする、感情的になってしまうなど、幸せな状態なのに、気分や体調がすぐれないということが起こります。

では、なぜ停滞期が訪れるのでしょうか。

魂磨きをすると、どんどん新しいステージへ進めるようになります。ゲームでレベルアップすればするほど、強い敵が出てきて、なかなか次のステージに進めなくなるように、魂もレベルアップしていくほど次のレベルアップは難しくなっていきます。

つまり停滞期は、次のステージへ上がろうと頑張っているときだということ。

願いが当たり前に叶うようになるステージへ進んでいるからこそ、停滞期を経験するのです。

停滞期は、ポイントをつかめば、はやく乗り越えることができます。

そのポイントとは、「何かをしよう！」という気持ちを一旦なくすこと。

停滞期に入ると、「なんとかしなくちゃ！」「はやくここから抜け出さないと！」と焦ってしまいますが、エネルギーが停滞しているときに何かに取り組んだとしてもいい結果にはなりにくいです。

頑張ってもいい結果につながらないため、自信をなくしてしまい、ナイーブになる……と、負の連鎖に陥ってしまいます。

停滞期が訪れたら、新しいことに取り組むのではなく、自分の魂のサポートに徹しましょう。

魂をサポートする方法は、いつも以上に丁寧に暮らすことです。

普段よりも睡眠をしっかりとり、バランスのいい食事をして、掃除を徹底しましょう。

停滞期のときは、不安や焦りに襲われ、現実逃避で目の前の物事から目を背け、魂磨きができない状態になりやすいので、規則正しく、地に足をつけて生活しましょう。

地に足をつけて生活することで、停滞期を抜けたときに魂の力を十分に発揮できるようになります。

停滞期は、魂磨きを行っていると、誰にでも必ず起こりうるものです。悪いことではなく、むしろ願いが当たり前に叶うようになるステージへ着実に進んでいるというサインでもあります。

なかなかそう思えませんが、間違いなくレベルアップしているサインなので、停滞期が訪れたら喜んでしまいましょう（笑）。

停滞期の魂のサポート方法

＊早寝早起きをする
＊朝起きたら換気をする
＊トイレ掃除をする
＊お風呂掃除をする
＊玄関の水拭きをする
＊食器を洗う
＊シーツを整える
＊床にものを置かない
＊食材を無駄にしない
＊食事を丁寧にとる
＊古いものを捨てる
＊引き出しの中を整理する
＊書類を整理する
＊花を飾る
＊ヒーリングミュージックをかける
＊アロマをたく
＊行きたくない誘いを断る
＊自分が好きなことをする

などなど、**いつも以上に丁寧に過ごしましょう。**

体を大切にするから願いが叶う

魂磨きでは、意識の変化と同じぐらい、体を整えることに力を入れることが必要です。

いくら運動神経がよくても、いきなりプロのスポーツ選手にはなれませんよね。

技術がどんなにあったとしても、

・体力がなくて練習についていけない
・すぐに体がボロボロになる
・厳しい練習に耐えられない
・ケガをしてしまう

というように体がついていけません。

魂磨きも同じで、レベルアップに耐えられる体が必要になります。

そもそも、私たちが望みを叶えることができるのは、肉体があるからこそです。

先ほど、「最近、何もやる気が起きなくて……。朝起きて、夕方まで寝ちゃうぐらいです」という停滞期が訪れたクライエントさんの話をしました。

これは、レベルアップしていく魂の新しいステージに、体が耐えられていないのです。

魂のレベルが上がると大きな願いが叶います。

それは同時に、大きなエネルギーを使うということでもあります。

たとえば、夢が叶い起業したとします。夢は叶っても、その分、やるべきことが増え、忙しくなるかもしれません。

もしくは、念願だった結婚を引き寄せたとします。幸せを感じていても、新しい環境に身を置くことに大きなエネルギーを使うかもしれません。

このように、願いが叶うときは大きなエネルギーが必要になります。

そのため、魂を成長させていくには、それに耐えられる体が必要になります。
体が整っていないと、理想どおりに願いが叶わないと言ってもいいでしょう。

プロのスポーツ選手が試合で全力を出すために体を整えるのと同じように、魂磨きも体のメンテナンスをすることで、本来もっている力を十分に出せるようになります。

それに、たとえ魂磨きによって心が素晴らしく変わったとしても、肉体がなければ私たちは何もすることができません。

理想の現実化には、肉体が必要不可欠なのです。

魂磨きの一環として、体のメンテナンスを大切にすれば、より高い理想が現実化するようになります。

体のメンテナンスチェック

- □ 栄養のある食事をとっている
- □ 運動する習慣がある
- □ 体のゆがみを整えている
- □ 1日の中にリラックスする時間を取り入れている
- □ しっかり休養している
- □ 自分のキャパシティの中で頑張っている
- □ ストレスケアをしている
- □ 髪や肌がツヤツヤしている
- □ 指先まで手入れをしている
- □ 疲れをその日のうちにとっている
- □ 1日1回は笑っている

etc.

体のケアをしっかり行うようにしましょう。

最強の引き寄せ体質になるマインド

多くの女性の憧れである『シンデレラ』（ディズニー）の物語には、上手に魂磨きをするヒントが隠されています。

シンデレラは、厳しい環境の中で、なぜ王子様と結ばれることができたと思いますか？

美しかったから？

心がキレイだったから？

たまたまフェアリーゴッドマザーが現れたから？

いいえ、

シンデレラは「前提が強気」だったからです。

シンデレラは意地悪な継母と姉たちにイジメられていました。

あれだけイジメられていたら、「私は舞踏会に行く価値がない」「どうせ行けない」と、自己肯定感も、前向きな気持ちもなくなり、あきらめてしまうと思います。

しかしシンデレラは、「私も絶対に舞踏会に行く！」という強気の姿勢で、ドレスまでつくっていました。

「行くことが当たり前」だと思っていたのです。


シンデレラのように、**「私は願いが叶うのが当たり前」というような強気なマインドで魂磨きをすると、魂磨きがスムーズにうまくいくようになります。**

それはアクシデントやイヤなことがあったとしても「願いが叶うのが当たり前だから♡」という気持ちで、淡々と行動できるからです。

願いが叶う前提で行動してみましょう。

どんなに願いが叶う可能性があっても、自分自身で希望を捨ててしまったら、そこで終了です。

周りの人があなたに無理だと言っても、その願いがたとえ前例がないことだとしても、あきらめないことが大切です。

シンデレラも、継母にドレスを破られて「舞踏会に行けない」と泣いているところにフェアリーゴッドマザーが現れました。

そしてフェアリーゴッドマザーにガラスの靴をプレゼントしてもらえたからこそ、シンデレラと王子様は結ばれたのです。

どんなチャンスがどのように訪れるかは、誰にもわかりません。

どんな環境でも、どんな状況でも、願いを叶えるのに無理なことなんてありません。

願いが叶うときはどんな環境でも、どんな状況でもチャンスが訪れて、一気に現実が変化します。

希望を捨てずに「叶う」を前提に、強気で魂磨きをしましょう。

そうすればチャンスが与えられて、必ず願いは叶います。

part 3

お金を引き寄せる魂磨き

魂磨きをするとお金持ちになる仕組み

魂磨きをすると、お金を求めなくてもお金がめぐってくるようになります。

なぜなら、理想の現実化にはお金が必要だからです。

たとえば、「結婚したい！」という理想があったとします。

そのために「素敵な人と出会えるように頑張りたい」という目標をもっても、お金がなければ、頑張れる範囲が狭まってしまいます。

お金があれば、たくさんの出会いの場に出かけられますし、婚活の講座に参加したり、恋愛カウンセラーに相談したり、エステや美容室に行って外見をより磨くこともできます。

お金は、理想を叶えるための〝チケット〟なのです。

突然ですが、質問です。

あなたは、本当に〝お金〟が欲しいですか？

お金は使わなければ、ただの紙切れです。
あなたは、本当に〝お金そのもの〟を手に入れたいのでしょうか？
それとも、何かをするためにお金が欲しいのでしょうか。
あなたが本当に手に入れたいものは何なのか、真剣に考えてみましょう。

＊気軽にタクシー移動がしたい
＊美容に力を入れたい
＊値段を見ずに買い物を楽しみたい
＊高級レストランで美味しいものを食べたい
＊海外旅行に行きたい
＊立派な家を建てたい

あなたが「お金が欲しい」と思うのは、お金の先にある叶えたい理想があるからではないでしょうか？

本当に手に入れたいのはお金ではなく、「自分の理想」というわけです。

お金は、「欲しい！」と執着すればするほど、「お金がない」という潜在意識がなくならないため、めぐってきません。

お金そのものではなく、「お金を使って何を手に入れたいのか？」というお金を使った先の理想に着目して魂磨きをすると、お金は自然とめぐってくるようになります。

「自分の人生をどんなものにしたいか？」、理想を明確にして、それを叶えるべく、魂磨きをしていきましょう。

そうすれば、お金そのものに執着することなく、魂磨きをしている間に、その理想を叶えるための〝チケット〟であるお金が、いつのまにかめぐってくるようになります。

part 3

お金を引き寄せる魂磨き

もし今、あなたがお金がめぐってこないと感じているのなら、今のあなたは理想が叶いにくい状態にあるということでもあります。

さっそく、理想を叶えるために魂磨きをして、お金を引き寄せましょう。

魂磨きをして願いが叶うことが当たり前になると、その願いを叶えるために困らないほどのお金がめぐってくるようになります。

それは現金であったり、誰かからのプレゼントであったり、めぐってくる形はさまざまです。

お金は理想の現実化にともなって自然についてくるので、お金のことは考えずに、自分の理想を現実化するために、一生懸命、魂磨きをしていきましょう。

お金に困らない毎日を引き寄せる

「臨時収入が300万円もありました！」
「副業で稼げるようになって会社をやめました」
「使ったお金がすぐに返ってくるようになりました」

魂磨きに取り組んだ方々から、このような報告をたくさんいただいています。

私はもともと、魂磨きをする前はいつも生活がカツカツで、財布の中に小銭だけなんてことが日常茶飯事でした。

当時、「私はこれでいい」「これ以上は払わない」と、お金を使うことに自分で制限をつけていたのですが、これは「私はお金が必要ありません」と自ら宣言していることと同じことでした。

私は自らお金を遠ざけていたのです。

結果、いつもお金に困っていました。

それが今では、月商が40倍になり、お金に困らない理想の生活を手に入れることができています。

お金に困らない生活を引き寄せる最も効果的な方法は、お金持ちの生活を経験することです。

「なんでお金持ちは、外食に何万円も使うの？　もったいない」

「プチプラでも可愛いのがあるのに、わざわざ高級品を買う必要ないでしょ」

などといった意識を手放し、お金持ちの意識について学んで、自分にインプットしていきましょう。

同時に、お金持ちのお金の使い方を、自分の生活に積極的に取り入れましょう。

そうすれば、魂の経験が増え、潜在意識が変化し、魂にとって「お金がある生活」が自然になります。

お金持ちの生活を経験したほうがいいとは言っても、潜在意識が変わる前に今あるお金をすべて使ってしまったら、生活ができなくなってしまいます。

お金をある分だけ使うのではなく、自分の生活をきちんと守れる範囲内で取り組むようにしましょう。

「魂の学び代」という意識で取り組むと、より潜在意識が変化しやすくなりますよ。

次のページに、私やクライエントさんが実際にやってみて効果があった、「お金持ちの意識をインプットする方法」と「オススメのお金持ち体験リスト」をご紹介します。

ぜひ、参考にしてみてくださいね。

お金を引き寄せるワーク

お金持ちの意識をインプットする方法

* お金持ちと話す
* 富豪の書籍やインタビュー記事を読む
* 稼いでいる人の講座に参加する
* YouTubeなどでお金持ちの生活を見る
* セレブのInstagramをチェックする　etc.

オススメのお金持ち体験リスト

* 高級店で食事をする
* 手の出せる範囲で高級品を購入する
* 贅沢《ぜいたく》する日を増やしてみる
* 安いからといって買わない
* 気に入ったら高くても買う
* たまには電車ではなくタクシーで移動する
* もったいない精神をやめる　etc.

自分の生活をきちんと守れる範囲で
取り組むようにしましょう！

お金持ちの悪口を言わない

お金に執着すると、お金がない現実を引き寄せてしまうとお話ししましたが、「お金持ちが嫌い」な場合も、同じようにお金がめぐってこない現実を引き寄せてしまいます。

お金持ちの悪口を言うということは、「お金が嫌いです」と言っていることと同じこと。

つまり、お金持ちの悪口を言うのは、「私はお金持ちにならなくていい！」という理想をもっていることと同じになってしまうのです。

お金持ちの悪口を言っているかぎり、お金を引き寄せることはできません。

なぜお金持ちの悪口を言ってしまうのか分析して、魂磨きを行いましょう。

人は、自分と同じ波長をもつ人に心地よさを感じます。

あなたが憎しみや恐怖、悲しみといった波長をもっているときは、マイナスな波長をもっている人や出来事を引き寄せます。

逆に、あなたが喜びや楽しさ、幸せの波長をもっているときは、喜びや幸せであふれた人や、ワクワクして感謝の気持ちが生まれる出来事を引き寄せます。

あなたが、お金持ちを理解できない・お金持ちに違和感を覚える場合は、お金持ちと同じ波長をもっていないということになります。

つまり、あなたは「お金持ちにならなくていい」という理想を、無意識の領域で抱いているということです。

これは、無意識の領域のことなので、自分では気づくことができません。

無意識だからこそ、このなんとも言えない違和感が悪口に変わってしまうのです。

お金持ちと同じ波長をもつには、まずはお金持ちに対する悪口を言うのをやめることが大切です。

そして次に、お金持ちの価値観や考え方に積極的に触れましょう。

お金持ちの価値観や考え方を理解できるようになっていくと、だんだんと自分もお金持ちの波長に近づいていきます。

また、出会う人はお金持ちに限らず、あなたの魂を成長させてくれる人だということをしっかり覚えておきましょう。

誰かの悪口を言うことは、学びを放棄していることと同じになり、魂磨きができなくなります。

ムカッとしても、悪口に変換するのではなく、「何を学べるかな？」「どんなメッセージが込められているかな？」と、魂を磨くことに注力しましょう。

悪口は百害あって一利なし。

出会う人すべてが、魂を磨くための〝教科書〟です。

お金を使う＝なくなるわけではない

お金を使ったとき、

「あ～あ、またお金がなくなっちゃった……」

そんな気持ちを抱く人は少なくないと思います。

使えば使うほど、手元にあるお金は減っていくので「なくなった」と思いますよね。


しかし、お金はなくなっているわけではありません。循環しているだけです。

使ったお金は「なくなる」のではなく、めぐりめぐって自分に返ってきます。

自分に返ってくる形は、お給料かもしれませんし、誰かからのプレゼントかもしれません。


たとえば、自分が欲しいバッグを人からプレゼントしてもらえば、あなたは

0円で願いが叶います。

これも、お金の引き寄せです。

自分に返ってくるときに、どんなものになるかは自分次第です。

1万円を投資して、マイナスにするのも10万円に増やすのも自分次第ですよね。

それと同じように、お金が自分に返ってきたときにプラスになるか、マイナスになるかも、自分次第というわけです。

では、どうしたらお金がプラスになって返ってくるのでしょうか。

それは、お金の一部を自分の魂の力を発揮できることに使い、他の魂の成長に役立てることで叶います。

たとえば、自分の魂が料理が得意な場合は次のとおりです。

・**料理の腕を磨くことにお金を使う**⬇料理教室に行く、有名なレストランで美味しいものを食べて料理に役立てるなど。

・**それを他の魂の成長に役立てる**➡料理方法を教える、健康に特化したメニューを開発してSNS上で公開するなど。

この地球上では、魂はお互いに助け合いながら成長しています。働いたらお給料がもらえるように、他の魂に気づきや教えを与えることができれば、**その活動費としてお金がプラスになって返ってきます。**

自分の欲にお金を使うのもいいですが、その中の一部を自分の魂を磨くことに使い、それを他の魂の成長に活かすことができれば、使ったお金が何倍にもなって返ってくるようになりますよ。

「節約できる自分が好き！」を手放す

私は以前、節約を頑張っていました。

「節約上手だね」と褒められるのがうれしかったのです。

「節約上手＝家庭的＝いい女」という方程式が自分の中にありました。

つまり、私は自分で節約する機会を引き寄せて、心を満たしていたのです。


そもそも、困らないほどお金があったら、節約をしようとはしません。

節約生活をするのは、「お金はなくなる」という意識が前提にあるからこそです。

「お金は何倍にもなって返ってくる」という意識があれば、たとえ少ないお金でも、使い道をしっかりと考えて使うようになります。

節約をするのは悪いことではないですし、お金を管理できることは人としての魅力にもなります。

しかし、「節約する自分が好き」という意識がベースになっていると、その自分を保つために節約しなければいけない機会を引き寄せてしまいます。

なぜ「節約する自分が好き」だと思うのか、原因を掘り下げて魂磨きをしましょう。

お金持ちは「お金がなくなる」という意識がないからこそ、お金に困る状況を引き寄せずお金持ちなのです。

「節約する自分が好き！」を手放して、「お金はなくならない、循環している」という意識をもってみましょう。

魂は、お金を通しても、たくさんのことを学んでいます。

この世に高いものはない

「高い」という意識があると、せっかく魂の力を伸ばせる機会があったとしても、お金を使うことに対して躊躇《ちゅうちょ》してしまいます。

しかし、先ほどお話ししたように、魂の力を伸ばすことにお金を使い、それを他の魂の成長に役立てることで、どんどんお金がめぐってくるようになるので、ためらうことなく、先行投資しましょう。

そのためには、「この世に高いものはない」というマインドをもつことが大切です。

「水道代が高い！　高いから払わない！」と思ったとしましょう。

本当に払わなければ、もう蛇口から水が出てくることはありません。

出てきませんから、水はスーパーで買うか、極端な話、山から汲《く》んでくるしかありません。

お風呂に入るときも、シャワーが出ませんから、ペットボトルの水や山から汲んできた水を沸かして使うしかありません。

……とても不便ですよね。

可愛いお洋服があったとします。

そのお洋服の値段は3万円で「高い！　買わない！」と思ったとしましょう。

しかし、自分でそのお洋服をつくろうと思ったら、まずは材料から集める必要があります。

材料を探すだけでも、労力と時間がかかりますよね。

そして、売り物として並んでいるお洋服のクオリティーに仕上げられるほど、素人には技術もありません。

3万円で買ったほうが圧倒的に安いですよね。

実は、この世に高いものはそれほどないのです。

自分ができないことにお金を払って無駄な労力と時間と多額にかかるお金を省くことができるのですから、得しかしていないと思います。

「高い」という意識を手放して、自分の魂の力を伸ばすようなことには躊躇なくお金を使いましょう。

すでにお話ししたように、そうして伸ばした魂の力を多くの他の人の魂の成長に役立てていくと、お金は何倍にもなって返ってきます。

純粋な愛をベースにしてお金を使う

「人のためにお金を使う」と、お金のめぐりがよくなります。

ただし、必ず増えて返ってくるとはかぎりません。

これは一種の投資で、使ったお金はプラスになることもあればマイナスになることもあります。

たとえば、株を買うときは、その会社が信用できるか下調べをしますよね。

同じように、「誰に」あなたのお金（エネルギー）を使うのか、しっかりと考えなければなりません。

ただ人のためにお金を使えばいいというわけではなく、使う相手を見極めることが必要です。

見極めないでエネルギーを使うのは、あなたが自分のことを大切にしていないことと同じになります。

カルマの法則でお話ししたように、自分がしたことは自分に返ってきます。

自分が自分を大切にしないと、同じように、他人からも大切にされません。

「嫌われるのが怖いから……」

「本当はイヤだけど……」

というような気持ちのときは、人にお金を使わないようにしましょう。

また、

「お金が倍になって返ってきてほしいから」

というような下心がある場合も、お金は循環しなくなります。

お金が循環するのは、純粋な愛がベースになっているときのみです。

純粋な愛は、自分に余裕がないとなかなかもてません。

余裕がないときは他の人に気持ちよくお金を使うことはできず、「お金が倍になって返ってくるから使おう」というような下心を抱きやすくなります。

なので、**まずは自分の「心地いいこと」にお金を使い、余裕をもちましょう。**

たとえば、

＊疲れたら我慢せずにタクシーに乗る
＊無理に自炊をせず外食する
＊忙しかったら家事代行を頼む
＊心から気に入ったものだけを買う

などなど。

自分が心地いいと感じることにだけお金を使うことが大切です。

行きたくない付き合いにお金を使ったり、心から気に入っているわけではないけれど安いからという理由でお金を使ったりしていることは、案外多いものです。

他の人だけではなく、**自分にも純粋な愛をベースにお金を使うことが、お金の**

めぐりをよくする秘訣です。

自分に余裕が出れば、結果的に人にお金を気持ちよく使えるようになり、そのお金がめぐりめぐって返ってくるようになります。

実際に私はこれで、1カ月で月収が500万円もアップしました。

「お金がなくなっちゃう……」という気持ちではなく、「はぁ〜使ってよかった♡」と心から思えることだけにお金を使うことを、普段から意識して生活しましょう。

◯◯が減るほどお金が増える

お金を受け取るとき、お金以外の「何か」も同時に受け取ることになります。

たとえば、それは人からの妬みかもしれません。

「あなたばかり、ズルい」とムカッとすることを言われるかもしれません。

めぐってくるお金が増えると、このような「イヤ」と感じることも、同時に受け取る可能性があります。

そのため、「イヤ」だと感じる出来事を拒否していると、お金を受け取る機会も減ってしまいます。

反対に、「イヤなことでもなんでも受け取ります！」という意識で生きると、お金を受け取るチャンスが増えていきます。

どんなチャンスでお金がめぐってくるかはわかりません。

お金は、自然な形で、自然なタイミングでめぐってきます。

そんなとき、自分の中で「イヤ」だと感じて拒否することが多ければ多いほど、形もタイミングもかぎられてしまいます。

たとえば、お金のめぐってくる形が10個あったとします。

そのうち8個の形が「イヤ」だとしたら、残りの2個の形でしかあなたは受け取ることができません。

しかし、「イヤ」が0個だとしたら、10個の形で受け取ることができます。

「イヤ」が減れば減るほど、お金を受け取る機会が増えて、はやくお金持ちになることができます。


自分の中の「イヤ」が増えるということは、「お金を受け取るのがイヤ」と言っていることと同じ。

イヤだと感じる出来事も、あなたにとっては豊かになるチャンスです。

私たちはいつも、豊かになるチャンスを与えてもらっています。

どんなことも受け取り、豊かになれるチャンスを増やしていきましょう。

part 4

幸せな恋愛を
引き寄せる魂磨き

運命の人とは

「運命の人に出会いたい」

「私はいつ運命の人と出会えるんだろう」

「運命の人と結ばれて幸せな生活を送りたい」


誰もが一度は、運命の人に夢を抱いたことがあるのではないでしょうか。

運命の人を待ちわびている人は多いですが、実は、**あなたはすでに〝運命の人〟と出会っています。**


多くの人は、「運命の人＝恋人や結婚する人」と捉えがちですが、運命の人（あなたの運命を変える人）とは、出会った人すべてを指します。

あなたの家族も、あなたの運命の人なのです。

どういうことでしょうか？

魂を磨いていくためには、仲間が必要です。

映画もヒロインだけでは物語が進まないように、あなたの人生という物語を進めるためには、あなた以外の登場人物が必要不可欠です。

その中には、悪役もいることでしょう。

しかし、その人も、あなたの人生という物語を進めるにあたって欠かせない登場人物なのです。

シンデレラも、意地悪な継母がいたからこそ、フェアリーゴッドマザーに出会え、ガラスの靴を手にでき、王子様と結ばれました。

このように、あなたを傷つける人も、あなたに悲しい思いをさせる人も、あなたの人生を今よりもっと幸せにしてくれるラッキーパーソンなのです。

あなたが運命の人と出会いたいのは、幸せになりたいからのはずです。

その意味では、あなたの人生という物語に関わる登場人物はすべて、運命の人なのです。

人生のパートナーと出会う方法

出会ったすべての人が運命の人だとお話ししましたが、多くの女性が出会いたいのは、唯一無二の人生のパートナーではないでしょうか。

心から信頼し合えて、愛し合えるパートナーと出会うことは、魂磨きを加速させることにもつながります。

そんな人生のパートナーと出会い、結ばれるいちばんの方法は、「自分軸で生きること」です。

あるクライエントさんのお話です。

その方には、3年お付き合いしている彼がいました。

仲がよく、周りからもうらやましがられるカップルだったそうですが、彼の浮気が発覚して別れることになったそうです。

そのクライエントさんは、以前お付き合いしていた彼とも、彼の浮気が原因で別れたそうです。

同じことを繰り返していますよね。

話を聞いていると、その理由がわかりました。

彼女は、自分自身の行動をすべて彼を基準に決めていて、自分軸で生きていなかったのです。

「自分軸で生きることができない」ということは、自分と向き合えないため、魂を磨くことが難しくなるということ。

そのため、魂が別れを選択してしまったのです。

いつも浮気される、大切にされない、うまくいかない……。

お付き合いする相手を変えても、同じようなことが繰り返される場合は、「自分軸で生きていない」場合が多くあります。

クライエントさんに、「誰かのためではなく、本当に自分のためになることをしてください」とアドバイスをしました。

彼女はさっそく、

・他の人に合わせてスケジュールを組むのではなく自分の予定で決める
・他の人の気持ちではなく自分の気持ちを優先させる
・今まで彼のために我慢していたことをしてみる

など、「自分軸で生きる」ことに取り組みました。

自分自身の人生を生きることができるようになれば、魂を成長させることができるからです。

すると、彼女は魂磨きに取り組んで1カ月後に人生のパートナーと出会い、結婚を前提にお付き合いをすることになりました。

誰かのために生きるのではなく、自分のために生きることに一生懸命に取り組んだからこそ、彼女はわずか1カ月で人生のパートナーに出会えたのです。

自分軸で人生を生きることは、大切なパートナーと出会い、結ばれる上で最も重要なことです。

自分軸で生きることができないと、自分との距離が遠くなり、自分のことなのに自分がどんな人が好きなのか、どんな恋愛をしたいのか、パートナーとどんな人生を歩みたいのかという答えも出なくなってしまいます。

しかし、「自分軸で生きる」って、なかなか難しいですよね。

まずは、自分が他人軸で生きていないか、振り返ってみましょう。

あなたは、

・断りづらいから飲み会に行く
・相手の反応が怖いから自分の意見を言わない
・彼に嫌われたくないから友達の遊びを断る
・SNSの「いいね！」が気になる

など、他人が行動の指標になっていないでしょうか。

自分が本当はどうしたいのか、魂の声に耳を傾けて行動するようにしましょう。

また、恋愛は二人でするものなので、二人の幸せを考えていない見栄や欠乏感から生まれた願いは叶いません。

「彼に幸せにしてもらおう」

「彼氏がいればきっと幸せになる」

という気持ちがあるなら要注意。これは、「自分軸で生きる」ことを放棄し、自分の人生の責任を相手に押しつけようとしている行為です。

相手に幸せの責任を押しつけると、相手に依存することになり、魂を磨く行動をしなくなるので、あなたの魂を磨くことが難しくなってしまいます。

私たちは魂を磨くためにここに生まれているので、自分の幸せを相手任せにしてしまうと、願いは叶わなくなってしまうのです。

仮に人生のパートナーと出会えたとしても、彼との関係に困難や試練が訪れるようになります。

これからは自分軸で生きることを心がけ、魂の声に耳を傾けましょう。

そうすれば、きっとあなたも近い未来、人生のパートナーと出会えるはずです。

女性は受け取ることで愛される

この世には、〝凹凸の仕組み〟というものがあります。

男性は凸で、女性は凹。男女は凹凸で自然に調和するものです。

つまり、本来ならば自然にパートナー関係はうまくいくはずなのです。

しかし、自己否定をしたり、仮面をかぶったり、無理をしたりと、どちらかが自然な状態をねじ曲げてしまうと、パートナー関係は調和しなくなります。

「今世で女性（凹）に生まれたのなら〝凹〟の役割を知り、男性（凸）に生まれたのなら〝凸〟の役割を知る」ことが大切です。


女性の役割は「受け取る」、男性の役割は「与える」です。

これは、どの魂にも共通していることです。

しかし、中には受け取るのが苦手な女性がいます。男性から受け取ることに罪悪感を感じたり、無条件に愛されることに抵抗をもってしまったり……。

受け取ることは悪いことではありません。むしろ、女性は「受け取る」ことで、男性の心を満たすことができるのです。

相手のエネルギーをちゃんとキャッチすることが、「与える」という役割をもつ男性へのお返しになります。

「こんなに尽くしているのに……」

そう悩む女性は多いですよね。

そんなときは、尽くすことをやめてみましょう。

受け取るということが自然な状態なので、むしろあれこれ尽くす（与える）と不自然な状態になり、調和（凹凸）しなくなる場合があります。

何も気にせず愛されましょう。

何も気にせず与えてもらいましょう。

あなたはもっと無条件に愛されていいのです。

男性は、女性に尽くしたいのです。

「私は無条件に愛されていい」

そう自分を解放したとき、今までにないほど愛されるようになります。


女性は受け取ることが主な役割ですが、与えることも大事になります。

矛盾していますよね。

実は、受け取るということは与えるということでもあるのです。

普段から受け取る
⬅
凹（器）からはみでるほど愛があふれてくる
⬅
あふれたものを周りに配る（与える）
⬅
自分も周りもより幸せになる

「受け取る」と「与える」は、コインの裏と表のように2つで1つなのです。

男性（凸）は、与える↓そして、相手の喜びや幸せを受け取る
女性（凹）は、受け取る↓そして、器からあふれでたものを与える

鶏が先か卵が先か、始まりの違いだけです。
魂はまず、始まりから学んでいく必要があります。
あなたは無条件で受け取っていいんですよ♡
まずは受け取り上手を目指していきましょう。

器が大きくなるほど愛を受け取ることができる

大きな愛というのは、大きなエネルギーです。

エネルギーは、その人が抱えきれる大きさで私たちに与えられます。

小さなコップよりも、大きなバケツのほうがたくさんの水をためることができますよね。

同じように、**自分の器が大きくなるほど愛を受け取ることができるようになります。**


誰かと付き合ったり、結婚したりすると、幸せなことだけではなく、大きな困難や乗り越えなければならない出来事も訪れます。

その負担に負けないような大きな器をもてるようになると、その分、大きな幸せ（エネルギー）を受け取れるようになります。

器は、たくさんの価値観を受け入れることで、大きくすることができます。

魂がたくさんの価値観を受け入れていくと、自然と善悪で物事を判断しなくなるので、「つらい出来事や悲しい出来事＝悪」ではなく、「つらい出来事や悲しい出来事も幸せに変わる」と思えるくらいの、大きな器をもてるようになります。

そして器が大きくなったら、その分、たくさんの愛を受け取ることができるようになります。

魂磨きをして、魂にたくさんの価値観を刻み込みましょう。

魂にたくさんの価値観を刻むには、魂磨きのときに、次のようなことを意識するといいでしょう。

＊自分と違う価値観も選択肢の１つとして受け入れ、否定しない。

＊たくさんの人の考えに触れる。

＊さまざまなジャンルの本を読む。
＊感情で物事を見るのではなく理論的に見る。
＊「いい」⇕「ダメ」のどちらか一方に偏らずに、グレーゾーンで生きる。
＊「エゴで生きる」⇕「エゴで生きない」のどちらも必要だということを知る。

受け取ったものを、幸せに変えるのも不幸に変えるのも自分次第です。

「どんなことも幸せに変えます♪　だから、どんなことも受け取ります！」

そんな強い心をもって、たくさんの愛を受け取りましょう。

恋愛がうまくいかない理由

「なかなか出会いがない……」

「いつも彼との関係がうまくいかない……」

そんな人は、〝潜在的な男嫌い〟の可能性があります。

実感できる顕在意識では、

「出会いたい」

「彼との関係を深めたい」

「結婚したい」

と思っていても、無意識の潜在意識では、〝男性が嫌い〟と思っており、願っている理想を引き寄せられないということが起きています。

〝潜在的な男嫌い〟には、①復讐《ふくしゅう》型と、②拒否型の2つがあります。

復讐型も拒否型も、どちらも幼いころ、父親に認められなかった、寂しかったという満たされなかった心や、男性に傷つけられた経験が原因になっています。

具体的に見ていきましょう。

①復讐型

満たされなかった心や傷つけられた経験が癒されておらず、男性に対して復讐したいと思っています。

復讐するために男性を引き寄せるので、出会いにはあまり困らないタイプ。

自分では男性に対して苦手意識はありませんが、なぜかわからないけれど、男友達といつもケンカになったり、彼との関係がうまくいかないということが繰り返されます。

②拒否型

満たされなかった心や傷つけられた経験が、無意識のうちに男性を拒否してしまいます。

拒否しているので、出会いを引き寄せられなかったり、自分の中の男性に対する嫌悪感が引きだされる出来事を引き寄せてしまったりします。

「恋人が欲しい」「結婚したい」という望みはあるけれど、なぜか無意識のうちに男性を避けてしまいます。


どちらかのタイプに当てはまった人は、魂を癒す行動をして、潜在意識の男嫌いを治しましょう。

「魂磨き日記」をベースにして過去を掘り下げ、魂を癒していくのも効果的です。

〝潜在的な男嫌い〟を克服すると、次第に出会いが増え、パートナーとの関係もよくなっていきますよ。

潜在的な男嫌いの魂を癒す行動

復讐型の場合

・今まで抑えていた、幼いころから経験した寂しかった思いを外に出す。
（紙に書いたり、心から信頼している人に話すなど）

・父親や彼氏、男友達など、すべての異性との出来事や会話で印象に残っていること、そのとき感じたことを思いだして受け止める。
（自分を否定せずに、素直に受け止める。善悪をつけないようにする）

・自分にも男性にも、許しの心を常にもつように意識する。
（考えれば考えるほど憎しみは大きくなるので、「まぁ、いっか」を口グセにする）

拒否型の場合

・マイナスなイメージを変化させるために、素敵なカップルをたくさん見る。
（仲のいいカップルの話を聞く、Instagramで検索するなど）

・恋愛や結婚に対して、ポジティブな話だけを聞くようにする。
（嫉妬せずに素直に聞く。身近な人の話だと嫉妬してしまう人は、恋愛映画やドラマ、マンガなどでもOK）

・できる範囲で父親との関係を見直す。
（父親に手紙を書く、LINEを送る、二人で出かける、父親の話をちゃんと聞くなど）

人はお互いの魂を磨くために結ばれる

「好きな人に好きになってもらいたい」

「彼に変わってほしい」

このような、「○○してほしい」という気持ちは恋愛において、生まれるのが当然です。

誰もが、「相手を自分の思いどおりにしたい！」という気持ちを抱きやすいものです。それが大事な人、好きな人であればなおさらです。決して悪いことではありません。

ですが、相手をコントロールするようなことに、スピリチュアルの力を使うことはできません。

恋愛は魂同士のご縁であり、お互いの魂を成長させるために出会い、結ばれます。

そのため、自分の心を満たすために相手をコントロールしようとすると、ケンカが増えたり、連絡が少なくなったり、相手が冷たくなったりなど、関係がうまくいかない出来事が増えてしまいます。

関係がうまくいかなくなったときは、お互いの魂を磨くために出会っているという本来の目的を忘れていないか振り返ってみましょう。

彼は、あなたの欲を満たすために存在しているのではなく、あなたの魂を磨くためのサポート係です。

そして、あなたも彼にとって魂を磨くサポート係なのです。

相手の言動から学びを得て、自分の魂を成長させていくことが大切です。

彼はあなたの魂の先生だと思って過ごしましょう。

たとえば、彼があなたとの約束を破ったとします。

約束を破られたら、悲しさや怒りを感じますよね。

そこで、悲しさや怒りをそのままにしておくのではなく、「どうして自分は悲しさや怒りの感情を抱いたのか?」と分析をして、学びを得ていくのです。
たとえば、次のようにです。

①約束は守るのが当たり前だという価値観を相手に押しつけていた。
自分のルールから、彼がはみだした行動をしたから怒りを抱いたのかも。

②「彼は約束を破らない人」だと期待していた。その期待を裏切られたから悲しくなったのかも。

「魂磨き日記」の方法でお話ししたように、自分軸で現実を受け止め、疑問がなくなるまで現実と向き合い、意識を掘り下げていきます。

そして、そこから学びを得ていきましょう。

①約束は守るのが当たり前だという価値観を相手に押しつけていた。
自分のルールから、彼がはみだした行動をしたから怒りを抱いたのかも。

↓私には私の価値観があって、彼には彼の価値観がある。別に約束を守らなくたってダメなわけではない。でも、約束を守らない彼の行動に対して、私が怒るのも不機嫌になるのも別れを切りだすのも自由。自由の中で、自分の行動に責任をもてるかが大切だと学んだ。

②「彼は約束を破らない人」だと期待していた。その期待を裏切られたから悲しくなったのかも。

↓「彼は私の期待に応えるために生きているのではない」ということを忘れていた。彼が私の期待に応えるのも応えないのも、選ぶ権利は彼にある。最近、彼に嫌われるのが怖くて、なんでも彼に合わせて〝自分の意思をもって選択する〟ことができていなかった。これからは自分軸で選択していこう。

パートナー関係は、魂の成長を加速させます。

「どうすれば自分も相手も成長できるかな?」という意識をもって関係を育んでいくと、あなたが理想とする彼との関係が現実化していきますよ。

浮気される恋愛から卒業するには

好きな彼からは、一途に愛されたいものですよね。

あなたが「浮気しないでほしい」という意識をもつと、「浮気しないでほしい」という意識をもった人を引き寄せるので、お互いが相手に求める関係になります。

反対に、「私は浮気しない。一途に愛する」という意識をもつと、「俺は浮気しない。一途に愛する」という意識をもつ相手を引き寄せることができ、お互いが自分を律する自立した関係になります。

引き寄せる現実は、潜在意識によって変化するとお伝えしてきました。

浮気をされない恋愛を引き寄せるために、次のステップを踏んで潜在意識を変えていきましょう。

①幸せは自分次第ということを知る

「浮気されたくない、一途に愛されたい」

その意識の奥には、「相手を失うのが怖い」という恐れがあります。

恐れや寂しさを感じるときは、自分の魂の声を無視しているときです。

「幸せは自分次第である」と潜在意識レベルから思えるようになると、相手によって幸せが変化するわけではないので、その恐れが薄れていきます。

ですからまずは、彼ばかりに向けていた意識を自分に向けましょう。

そして、さらに時間やお金などのエネルギーを自分に使っていきましょう。

エネルギーを自分に使うことで、今まで気づかなかった魂の声を感じられるようになっていきます。

そして自分の魂の声に気づき、自分で自分を満たせるようになると、自立ができるようになり、安心感が生まれ、「幸せは自分次第」だと思えるようになります。

②相手に「求める期待」をしない

相手に何かをしてほしいと望むことは悪いことではありません。

しかし、常に「求める形」になってしまうと、相手の言動によって、自分の気持ちが左右されやすくなってしまいます。

①に取り組んで、「幸せは自分次第」だと思えるようになると、「〇〇してくれたらうれしいな〜」くらいの軽いエネルギーで過ごせるようになっていきます。

相手へ求める気持ちが軽くなっていくと、他人軸ではなく、自分軸で選択できるようになるので魂磨きが進み、理想どおりの関係を引き寄せられるようになります。

相手に「〜してほしい」などの「求める期待」をもたずに過ごしましょう。

魂磨きをして「幸せは自分次第」ということを魂が知ることができれば、自然と相手に「求める期待」を抱かなくなるので、無理して「期待しないぞ！」と意気込まなくても、大丈夫。

魂磨きをしながら意識するだけで十分です。

③見返りを求めずに愛する

次は、見返りを求めずに愛することに取り組んでみましょう。

見返りを求めずに愛するということは、純粋な気持ちで相手に与えるということです。

たとえば、プレゼントをしたときに喜んでもらえなくて悲しくなったり、イライラしたりするのは、「プレゼントをあげるんだから喜んで！」と相手に見返りを求めています。

相手に喜んでもらえなくても「私が渡したかっただけだから、受け取ってもらえただけでうれしい」と思えることが大切です。

しかし、人間ですから喜んでもらえないと落ち込んでしまうでしょう。

大切なのは、落ち込んでも「まぁいっか！　私が渡したかっただけだから」と、軽い気持ちに切り替えること。

すべての魂は、愛について学ぶ必要があるので、見返りを求めずに相手に与えるという行為は、魂磨きの一環になります。

魂の結びつきを強くする

「会いたいな」と思った友人からタイミングよく電話がきたり、目の前の相手と同じことを考えていたという経験はありませんか。

実はこれは、自分の潜在意識と相手の潜在意識がつながっているからこそ、起こる現象です。

私たちは全員、潜在意識の部分でつながっています。

特に、身近にいる人とは潜在意識が共鳴しやすくなります。

つまり、あなたの潜在意識にある彼への気持ちも、彼の潜在意識に伝わるということです。

たとえば、彼に頼みごとをしました。

ところが、あなたの思ったとおりの出来ではなかったため、モヤモヤしたとしましょう。

顕在意識で、「彼は一生懸命やってくれたんだから、感謝の気持ちを伝えなきゃ!」と思い、「ありがとう～! 助かった!」と彼に伝えました。

しかし、あなたは潜在意識ではモヤモヤしていて、本当は感謝していません。

「自分でやればよかった……」

むしろ、そう思っています。

すると、それが彼の潜在意識に伝わります。

いくら表面ではキラキラした言葉を伝えても、潜在意識にある本音は相手に伝わってしまいます。

逆に、「ありがとう!」と顕在意識で思っていなくても、潜在意識で彼に感謝をしていれば、それは彼の潜在意識に伝わっています。

潜在意識レベルでお互いを愛することができると、魂の結びつきが強くなります。

ケンカばかりしているのに、〝なぜか〟一緒にいたいと思う場合は、魂の結びつきが強いということが考えられます。

逆に、どんなに頑張っても、どんなに願っても、ご縁が結ばれないのは、魂同士が合わないということです。

ご縁は、人の感情でコントロールすることができません。

「好き」というエゴだけで成立するものではなく、そこには魂を磨くためのプログラムが組み込まれているからです。

そのため、相手の魂の成長を応援することを意識すると、魂同士の結びつきが強くなっていきます。

相手の魂の成長を応援し、結びつきを強くするには、次の6つに取り組むといいでしょう。

①相手が挑戦したいことを応援する

②相手を心から信頼する

③時には愛をもって、相手に指摘する
④相手の人生を尊重する
⑤相手からの見返りを求めずに与える
⑥相手をコントロールしようとしない

魂の結びつきが強くなれば、潜在意識レベルから彼のことを愛することができるようになり、また、あなたも彼から強く愛されるようになりますよ。

彼の言動から魂を磨く

引き寄せる人は自分の潜在意識が反映されたものなので、その人から学びを得て魂を磨くことができます。

相手と性格はまったく違っていても、恋人など自分の近くにいる人は、エネルギーレベルでは似ている場合がほとんどです。

たとえば、自分の下心を満たしたいから「好きだよ」と言う男性と、愛されたいから優しく接する女性は、どちらも「自分の欲を満たしたい」という同じエネルギーをもっています。

例を挙げましょう。

感情的に怒る夫と、何も言わない一見優しく見える妻がいるとします。

二人は正反対の性格ですが、エネルギーレベルでは「相手と向き合おうとしていない」という部分が同じになります。

相手と向き合わずに、自分の感情を優先してしまう夫
↑↓
相手と向き合おうとしないから、スルーして何も言わない妻

このように、引き寄せる相手というのは自分の内側が反映されます。

なので、相手を見ることで自分の潜在意識を知ることができます。

この場合、夫も妻も、潜在意識では「相手と向き合おうとしていない」ということがわかります。

彼の言動から自分を振り返って魂磨きをしましょう。

すると、魂が成長していきます。

その方法は、次のとおりです。

〈例〉

＊「やせて！」「その服は似合わないよ」などと、自分の性格や言動以外で否定される

⬇自分は条件で彼を好きになっていないか振り返りましょう。

＊「女なんだから家事ができて当たり前」と言われる

⬇「男なんだから」という固定観念で彼を判断していないか振り返りましょう。

＊彼が遊び目的だった

⬇自分の満たされない心を相手に満たしてもらおうとしていないか振り返りましょう。

＊彼が結婚してくれない

⬇「自分のことは自分で幸せにする！」という覚悟があなた自身にあるか振り返りましょう。

彼の言動から魂磨きをしたあるクライエントさんから、次のような報告が届きました。

「頑固な彼が大変身したので、ご報告させてください。

華さんに教えてもらったことを実行すると、怒りっぽい、自己中心的、乱暴な言葉を使う、ケチでお金を使わない彼が、今では人格が変わったように優しくなりました！

ケンカしなくなっただけでなく、いつもありがとうと言ってくれるようになりました。また、外食代はすべて出してくれますし、私の幸せをいちばんに考えてくれて、常にお姫様扱いしてくれるようになりました！

自分が変わることで相手がこんなにも変わってくれるなんて驚きです！」

彼女は、彼を変えようとするのではなく、彼の言動から自分の潜在意識を探り、魂磨きをしたからこそ、目の前の現実が見事に変化しました。

彼の言動から学びを得る

↓

行動を変える

（それまでの行動と逆のことをするなど）

↓

魂の経験値がアップする

↓

自分の内側が変わる

↓

反映される外側（相手）が変化する

というように、自分が変われば結果的に彼も変化していきます。

エネルギーレベルからの学びを得て、魂を成長させましょう！

別れは幸せの始まり

人との別れは悲しく寂しいものです。
それが、大好きな彼との別れならなおさらでしょう。
時には絶望を感じることもあるかもしれません。

パートナー関係は、「『好き』というエゴだけで成立するものではなく、そこには魂を磨くためのプログラムが組み込まれているから（成立するもの）です」とお話ししました。

つまり、〝別れはあなたがさらなるステージに進んだ証〟です。
別れはあなたの人生の真のパートナーとご縁を結ぶための準備なのです。
それは、あなたがもっと幸せになるための準備でもあります。

人生のパートナーとあなたが結ばれる未来を手にするには、時には苦しい別れを受け入れる必要があります。

人とのご縁は切れて、つながっての繰り返しです。

もし、あなたにとって彼とのご縁が必要だったら、魂同士が引き寄せ合い、また自然に結ばれます。

必要な人とは、必要なときに必然的に出会うようになっているからです。

あるクライエントさんに、「5年付き合っていた彼と別れて半年経ちますが、まだ忘れられないんです」と相談されました。

5年の月日も一緒にいたなら、なかなか忘れられませんよね。

「あのころの幸せだった私に戻りたい」、そう強く願うはずです。

「あのとき、もっとこうしていればよかった……」と後悔し、自分を責めてしまうこともあるかもしれません。

しかし、その別れは、魂を磨くため（幸せになるため）に必要なことなのです。

すべての出来事は、魂を磨くために訪れているからです。

「今はとてもつらいと思いますが、すべてがあなたにとってベストな出来事で、あなたが幸せになるためにこの別れは必要だったのです。自分を信じて、魂磨きに集中してください」

そうアドバイスをしました。

彼女は、過去を後悔するのではなく、未来の自分が笑顔で過ごせるように、新しい出会いの場を訪れたり、友人との交流を深めたり、今までよりもオシャレに力を入れたりしました。

そしてその中で、魂磨きに取り組んでいただきました。

同時に、「古いご縁に執着しない」ということも意識してもらいました。

古いご縁に執着してしまうと、新しいご縁を引き寄せることができず、魂を磨けなくなってしまうからです。

そのクライエントさんは、魂磨きに一生懸命に取り組んだ結果、わずか3カ月で理想としていた男性に出会い、結ばれました。

その後、彼女は、

「今までにないぐらい、幸せな毎日を送っています。あのとき、つらかったけれど、魂磨きに一生懸命に取り組んでよかったです。今の彼は結婚についても考えてくれています。こんなにも物事がスムーズに進んで、正直驚いています。まさに魂磨きって魔法のようですね」

こんな素敵なご報告をしてくださいました。

ご縁に執着するということは、自分の幸せをそのご縁に委ねているということ。

「ご縁」＝「誰か」に幸せを委ねるのではなく、「自分で自分を幸せにする！」という強い気持ちが、魂磨きをするときの力になってくれます。

別れさえも、あなたに大きな幸せをもたらしてくれるかもしれないものだということを、覚えておきましょう。

溺愛されるようになる2つの意識

「彼に大切にされている実感がない……」

「いつも友達を優先される……」

「私も好きな人から溺愛されたい！」

そんなときは、

①愛されることを許可する
②相手の魂に寄り添う

この2つを意識しましょう。

①愛されることを許可する

「私は可愛くないから」
「私はスタイルが悪いから」
「私はもう若くないから」

「私は○○だから……」というような、愛されない理由を自分でつくるのはやめましょう。

「愛されない理由」はあなたが自分でつくっているだけで、それは幻です。

愛されない理由なんて、あなたにはありません。

「こんな私なんて……」という自己否定を手放して、「私は愛されていい」、そう自分の魂に許可を出しましょう。

あなたの魂が許可しないうちは、相手はあなたを愛したくても愛せません。

愛されるのに、理由なんてありません。

ですから、愛される理由を見つけようとする必要はないのです。

理由もなく愛されるのが、真の愛です。

②相手の魂に寄り添う

仕事を頑張ったときや勉強を頑張ったとき、癒しが欲しくなりますよね。

同じように、魂も日々、成長すべく頑張っているので、癒しが欲しくなります。

潜在意識の領域なので私たちは実感できませんが、魂を磨くのにはとてもエネルギーを使います。

そのため、頑張っている魂は癒しを欲しています。

癒しを感じられる魂なら、ずっと近くにいてほしいし、愛情が芽生え、大きく愛されます。


彼の魂にとってそんな癒しの存在になるには、「見返りを求めずに愛する」ことです。

見返りを求めてしまうと、

「私は、あなたのために○○したんだから、あなたも私のことを愛してね」と、相手のエネルギーを奪うことになります。

疲れているところに「○○してね」と求められたら、相手はますます疲れてしまいますよね。

見返りを求めないことで、あなたは彼の魂にとってエネルギーを充電できる大切な存在になります。

これは、自分を犠牲にしてまで、あれこれ彼に尽くしたほうがいいということではありません。

ただただ、彼の存在そのものを認めるだけでいいのです。

等身大の彼を愛するということは、彼の魂を愛し、寄り添うことになります。

彼にダメ出ししたり、責めたりせずに、「いちばんの味方でいる」という心をもって接してみましょう。

すると、彼はきっとあなたを溺愛するようになるでしょう。

愛されている人は、自分自身に「自分は愛されていい」と許可を出し、彼の魂に寄り添っています。

そうして、彼にとって、かけがえのない存在になっているのです。

顕在意識が邪魔をしてなかなかできないときは、「魂磨き日記」を使って魂磨きをしましょう。

すると、魂が成長し、自然と相手の魂に寄り添うことができるようになっていきますよ。

大切にされる自分になる方法

誰しもが「理想の自分」像があることでしょう。

理想の自分を目指すことはとても素敵なことです。

しかし、理想の自分を追い求めすぎて、今の「等身大の自分」を愛することをおろそかにしていませんか？

この世に生まれた時点で、私たちはまだ学ばなければいけないことがある未熟な存在です。

すべての人がそうです。

どんな偉人も、魂を磨くためにここに生まれています。

完璧に見える憧れの人や、すごいと思う人も、決して完璧ではなく、その人もまた、未熟な存在なのです。

未熟とは悪いことではありません。

人間ですから、どこか欠けている部分は必ずあります。

欠けている部分というのは「不足している部分」ではなく、あなたの個性になる部分です。

個性があるからこそ、あなたは世界でたった一人の存在になれます。

欠けている部分は、実はあなたをかけがえのない存在にしてくれる、大切な〝愛されポイント〟なのです。


理想の自分と今の等身大の自分を比べて自分を否定するのではなく、等身大の自分を愛しましょう。

愛し方は難しくありません。

魂磨きをすると、「今」に集中することになるため、理想ではなく現実を見つめることができるようになっていきます。

理想の自分ではない「今」の等身大の自分と向き合うことで、自然と自分のことを愛することができるようになっていくのです。

すると、カルマの法則が働き、どんどん他の人からも大切にされるようになります。

自分を責めたり、ダメ出ししそうになったときは、次の4つを思いだしてください。

①ここに生まれている時点でみんな未熟な存在
②完璧な人はいない
③欠けている部分は不足している部分ではなく、愛されポイント
④等身大の自分を愛するからこそ周りに大切にされる

肉体は違うけれど、あなたの魂は過去世からたくさんのことを経験して、今のあなたの魂になっています。

魂によって、得意なことも不得意なことも、好きなことも嫌いなことも違います。

魂の特徴は、今のあなたの性格や行動パターンに表れるとお話ししました。

等身大の自分を愛するということは、魂を愛することと同じなのです。

自分の魂を愛することができるようになると、あなたの愛によって魂に余裕ができ、無意識のうちに他の人の魂を愛することができるようになっていきます。

人の気持ちと同じで、魂も愛されたら愛を返してくれます。

まずはあなたが、等身大の自分を大切にして愛してあげましょう。

すると、周りから今までよりもずっと大切にされるようになりますよ。

魂磨きの本質

ここまで、魂磨きで理想どおりの現実を引き寄せる方法をお話ししてきましたが、実は、あなたが今すぐに豊かさを感じられる方法があります。

それは、〝命があることに感謝をすること〟です。

朝に目が覚め、今日という1日をまた生きられることは、当たり前ではない奇跡です。

日常は、奇跡が寄せ集められたものです。

魂を磨くと、その奇跡を心から感じ、生きること自体に幸せを感じられるようになります。

「魂磨きをしてから、つらいことも含め、人生が楽しいって思えるようになりました。つらさが楽しみに変わりました」


そう、クライエントさんに言われたことがありますが、まさにそのとおり。

魂磨きは、ただ願いを叶えるだけではなく、魂磨きを通し〝生きること〟そのものを楽しむためにあります。

あくまでも、願いが叶うのはオプションです。


つらさや悲しみは、〝生きること〟の一部でしかありません。

つらさや悲しみを感じられるということは、あなたがそれだけ、日々を一生懸命に生きている証なのです。

私たちの魂は、たくさんの経験をするためにここに生まれてきました。

これから先、自分がどんなことを経験していくかは誰もわかりません。

それでも、魂磨きを通して、生きること自体に喜びを感じることができるようになれば、どんな未来も乗り越えられるようになります。

この本を読み終え、実際に魂磨きをしていくと、あなたの願いもどんどん叶うようになります。

きっととても楽しく、わくわくすることでしょう。

そして、理想が現実になればなるほど、「自分次第でいくらでも人生は変えられる」ということに気づくはずです。

魂の輝きは、生きる希望になります。

そのことを忘れずに、楽しんで魂磨きに取り組んでくださいね。

魂磨きとは

1. 目の前の現実から学びを得て、
2. 意識を変え、
3. 行動を変えること

魂磨きをするときに心にとどめておきたい10カ条

1. 潜在意識に着目する
2. 魂の経験値を上げることを意識する
3. 目の前の現実は魂を磨くためにベストなもの
4. 自分を客観視することが大切
5. 人からの言葉にはヒントが隠されている
6. 無理に感謝をしなくていい
7. いつもポジティブでいなくていい
8. 善悪で物事を判断しない
9. 悪役もラッキーパーソン
10. わからないときは一旦放置する

エピローグ

「もうこんな人生イヤだな……」

そう嘆いていた私が、このような本を出版することになるとは想像もしていませんでした。

人生に希望をもてず、私はずっとこのままつらい日々を過ごすのか、どうしたら幸せになることができるのか、どうやったら夢や願いが叶うのか、ずっと考えていました。

考えるたびに、先の見えない未来に不安を抱き、過ぎ去った日々を後悔していました。

自分に自信もなく、他人の目を気にしてばかりいました。

決して、みなさんに胸を張れるような生き方をしてきたわけではありません。

それでも私は、過去の自分を誇りに思います。

それは、過去の自分がいなかったら、今こうしてみなさんが手にしている本を書くことはできなかったからです。

あなたがこの本を通して、少しでも光を感じ、今までの過去の自分もまるごと愛せるようになることを祈っています。

あなたが経験してきたつらいこと、苦しいこと、努力してきたこと、我慢してきたこと……。

すべて無駄にはなりません。

過去のあなたの経験は、魂磨きを通して、未来のあなたへの「プレゼント」になります。

私は、高校生のときに手に取った、ある1冊の本で人生が大きく変化しました。

本には、人生を変えてしまうほどの力があると私は信じています。

「今度は私が、誰かの人生を変えるきっかけになる本を書きたい！」

そんな思いで執筆しました。

もしかしたら、この本の中で理解できなかった部分があるかもしれません。

ですが、今、理解できない部分は、まだ自分に必要がないということ。

今、理解できない部分も、いつか「今の自分」に必要になれば、自然に入ってくるようになるので焦らないでくださいね。


人はみんな、はじめから美しい魂をもって生まれてきました。

あなたに不足しているものは何もありません。

あなたの魅力は眠っているだけで、あなたに魅力がないわけではありません。

希望をもち、もっと自由に自分の人生を描いていきましょう。

人生は1度きりです。

あなたの人生は、あなたが決めていいのです。

他の人に左右されることなく、あなたの幸せ、あなたらしさを追い求めていきましょう。


この本が、魂を磨くきっかけになり、あなたの生まれもった輝きを発揮できるサポートになれば幸せです。

この本を手に取ってくれた、ご縁のあるすべての方の心が愛で満たされますように。

そしてその愛で、今度はあなたが周りの人に希望をもたらすことができますように……。

水紀 華

著者紹介

水紀　華（みずき・はな）

スピリチュアルカウンセラー／チャネラー／体質改善ビューティー指導師

体質改善サロン cocomin 代表。2018 年 11 月現在、大学 3 年生の 21 歳。自身が成功したダイエットや体質改善の方法をもとに、2016 年 7 月より体質改善ダイエットの指導を始める。その効果の高さから、瞬く間に大人気に。2 年間で約 1000 人以上を指導する。

体質改善ダイエットの指導をするうちに、心の悩みが体に影響を及ぼしていることを知り、体だけでなく心の悩みも改善できるようになりたいと、母の影響でチャネリングを開始、チャネラーとしての能力が開花する。その力を用いたカウンセリングでは、約 1 年で約 800 人の悩める女性を幸せへと導いてきた。

カウンセリングは 10 代から 50 代の幅広い層に人気で、北海道から沖縄までファンがいる。現在、大学生ながら月 1000 万円を稼ぐ経営者に。Twitter フォロワー数は 2 万 7000 人超。

【所有資格】ダイエットアドバイザー、漢方コーディネーター、薬膳調整師、かっさディプロマ、漢方茶ブレンダー、漢方茶ブレンダー認定講師、セルフアイリスト、耳つぼストーンセラピスト

＊「魂磨き」に関する Twitter アカウント／ @mizukihana_soul
＊「体質改善」に関する Twitter アカウント／ @hana032xxx

魂《たましい》磨《みが》きで魔法《まほう》のように願《ねが》いを叶《かな》える♡　〈検印省略〉

2018年 11 月 4 日 第 1 刷発行

著　者――水紀 華（みずき・はな）
発行者――佐藤 和夫

発行所――株式会社あさ出版
〒171-0022 東京都豊島区南池袋 2-9-9 第一池袋ホワイトビル 6F
電　話　03 (3983) 3225 (販売)
　　　　03 (3983) 3227 (編集)
F A X　03 (3983) 3226
U R L　http://www.asa21.com/
E-mail　info@asa21.com
振　替　00160-1-720619
印刷・製本（株）光邦

facebook　http://www.facebook.com/asapublishing
twitter　http://twitter.com/asapublishing

ISBN978-4-86667-061-4 C0095